十大行业IPO

审核要点与解决思路

投行小兵 著

法律出版社 LAW PRESS·CHINA

十大行业IPO

审核要点与解决思路

感谢以下朋友对本书的贡献

卜亚婷　就职于浙商资产，准保荐代表人、非执业注册会计师、律师

殷建新　江苏法德东恒律师事务所高级合伙人

李秉恒　搏实资本首席创始合伙人、执行总裁

吴启龙　太平国发执行总监

陶云峰　国浩律师（苏州）事务所管理合伙人

自　序

这本书，跟以前的不一样。

以前关于IPO的书，不管是“企业上市解决之道系列”还是“财务核查解决之道系列”，讨论的都是具体的技术问题。两个系列都是把每一个问题进行细化和界定，掰开了揉碎了说，目标是针对每一个具体的问题提出关注要点以及解决思路。

以前的书，可以用来日常学习投行业务知识，更多时候被很多人直接拿来“救命”。两个系列就像是投行的一部大百科全书，项目中遇到了什么具体问题，翻翻书就能找到答案，就算不能药到病除，至少也可以缓解一些紧急情况。

如果说，以前的书更多时候是用来“治病救命”的，那么，这本书以及后续的几本书，主要就是用来“养生”以及“强身健体”的。

这本书，不一定能在关键时刻及时帮你找到问题的解决方案，但能督促你平时做更多的积累和知识的储备。通过这本书，你可以对一些基本的逻辑和规律有更多了解，如果身体强健了，自然也就会少很多需要救命的时候。

这样看来，这本书还是有自己独到的价值的，与之前的解决之道系列配合使用，效果应该不错。

小兵是研究IPO的，也只对IPO这个业务品种有所了解，别的问题可能略知一二，不过肯定是到不了写书分享的程度。

这本书还是跟 IPO 有关，很多内容与以前是一样的，但本书中我们更加倾向于商业逻辑和行业规律，尽量淡化对具体技术问题的处理，想着从一个角度对一个行业做简单的评价。

在本书中，出现频率最多的词汇肯定是商业逻辑和基本常识。在投行工作久了之后，我们就会发现，对于企业的判断需要对商业竞争环境和商业逻辑有充足的认知，同样对普通社会的基本常识要有足够的敬畏。

作为投行民工，我们不仅要解决一波又一波的问题，也要具备一定的行业思维。保持对行业的敏感性和判断力，这是投行民工的基本素养，其实也是对投行民工更高的要求。

投行民工就是搬砖的，小兵亦如是。

我们做的行业研究只能算是一种尝试和简单的探讨，粗浅得很，很多地方甚至不值一提。我们的工作只能给大家一些思考和提示，毕竟与专业的研究还有难以逾越的差距。

我们没有大的格局，只有一些小的思考。我们没有能力从宏观的角度思考经济发展，我们只能从研究每一个具体的企业开始，慢慢拼凑出一个模糊的行业轮廓。

我们不单单对行业研究不专业，好像连行文的语气都不是那么严肃，有些很口语化或者戏谑的语言。我们这样做，是希望大家可以看得稍微轻松、开心些，这与很多专业书不同。很多同行曾经问我，我们研究 IPO 发行人需要研究行业问题吗，你看也没有哪个企业是因为行业的问题被否决呢。或许，这本书能给这些朋友一些答案。

从 2010 年开始，陆陆续续写了那么多书，也写了那么多序言，该说的心里话，该感谢的那些人，该追求的梦想，基本上都说过了，你们也都知道了，就不再重复了。

我还是那个投行小兵，那个没有任何爱好只会写文章的小兵。

你们不用担心，我还会一直陪伴着大家。尽管很多人说是看着我的书长大的，感觉我已经很老了似的。

感谢长江承销保荐的领导和同事，兜兜转转我又找到了养家糊口的工作，同时也开启了属于自己的一段新的篇章。

希望我可以做得更好，不让关心我和喜欢我的人失望。

当然，如果我做得不好，也请告诉我，为了你们，我可以作出任何改变！

投行小兵

2019 年 12 月 13 日于通泰大厦

简 目

详　目

第一章 医药行业 IPO 审核要点

第二章 医疗器械行业 IPO 审核要点

第五章 汽车零部件行业 IPO 审核要点

第一章

医药行业 IPO 审核要点

Chapter 1

在 A 股医药行业的上市公司是一股不可忽视的重要力量，也一直是 IPO 的主力军，每年接受审核的发行人很多，通过审核的很多，否决的企业也比较多。截至 2019 年 12 月 29 日，根据证监会行业分类，医药制造业公司数量已达 226 家，占比 6.02%，市值约 2.93 万亿元，占整个市场比例约 4.63%。

从 IPO 审核的角度来说，医药行业是一个优点和缺点同样突出的行业。优点在于市场规模大发展前景好，缺点主要就在于医药这种特殊商品在流通领域有太多的利益分配，各种市场惯例和行业规则在公开披露信息的时候，需要作出取舍和认定。

众所周知，在实践中医药行业的发展和医药企业的经营的确存在太多特殊之处，小兵归纳总结了 IPO 审核过程中医药行业企业的审核关注要点，比较典型的问题包括：政策影响、销售费用、商业贿赂、销售模式、产品质量、专利技术、收入核查、持续盈利能力、独立性等。

一、政策影响

医药行业不仅涉及国计民生，更在方方面面都关系到医疗安全和百姓健康，因而这个行业自然是国家重点监管的行业。重监管，最大的体现就是监管政策体系的缜密和复杂，再加上最近几年政府一直对医疗体系进行推倒重建性的改革，因而在研究这个行业 IPO 时，首先要关注的就是政策是否发生变化，这样的变化对发行人是有利的还是不利的，影响的程度又如何来判定。

医疗体制改革对于医药企业以及相关产业链企业来说，可能存在的影响包括：（1）药品定价以及药品招投标的改革，对于医药企业的产品销售价格和销售方式可能会产生重大的影响。（2）医保政策的调整和革新，可能会随时调整医保目录的产品明细，并且可能会对某些产品重点监控，那么就会对某些企业产生重大影响。（3）具体某个医药品种的监管政策的变化或者某种临床应用科学的调整，都会对发行人产生重大的影响。（4）现在只要是医药企业的 IPO，必然会关注到“两票制”的问题。简单来说，“两票制”是针对以前的多票制来说的，核心目的就是保证医疗流通领域价格的透明，防止医药价格的多层加价。“两票制”对医药企业的影响就是，可以直接影响发行人的经营模式，从而影响毛利率水平。

小兵简单梳理了近几年的重要行业政策文件（见表1），具体如下：

表1　近几年重要行业政策文件

政策文件	发布日期	发布单位	主要内容
《关于完善公立医院药品集中采购工作的指导意见》	2015 年 2 月 28 日	国务院办公厅	对药品实施分类采购管理，改进药款结算方式，加强药品配送管理规范采购平台建设
《关于印发推进药品价格改革意见的通知》	2015 年 5 月 4 日	国家发改委、财政部、工信部、国家卫计委、人社部、商务部等	2015 年 6 月 1 日起取消绝大部分药品（麻醉、第一类精神药品除外）政府定价，不再实行最高零售限价管理
《关于药品注册审评审批若干政策的公告》	2015 年 11 月 11 日	国家食品药品监督管理总局	提高仿制药审批标准，化学药生物等效性试验由审批制改为备案制
《关于开展仿制药质量和疗效一致性评价的意见》	2016 年 3 月 5 日	国务院办公厅	化学药品新注册分类实施前批准上市的仿制药，凡未按照与原研药品质量和疗效一致原则审批的，均须开展一致性评价

续表

政策文件	发布日期	发布单位	主要内容
《深化医药卫生体制改革 2016 年重点工作任务》	2016 年 4 月 21 日	国务院办公厅	综合医改试点省份要在全省范围内推行“两票制”，鼓励医院与药品生产企业直接结算药品货款，药品生产企业与配送企业结算配送费用，压缩中间环节，降低虚高价格
《关于印发推进医疗服务价格改革意见的通知》	2016 年 7 月 1 日	国家发改委、国家卫计委、人社部、财政部	建立健全公立医疗机构医药费用指标定期通报制度、制定医保支付标准的政策措施、推进医保支付方式改革、指导各地推进医疗服务定价方式改革等多项政策
《关于在公立医疗机构药品采购中推行“两票制”的实施意见（试行）的通知》	2016 年 12 月 26 日	国务院医改办、国家卫生计生委、食品药品监管总局、国家发展改革委、工业和信息化部、商务部、国家税务总局、国家中医药管理局	界定“两票制”的概念、实施范围等，并指出严格执行药品购销票据管理规定
《短缺药品和原料药经营者价格行为指南》	2017 年 11 月 23 日	国家发改委	明确了短缺药品和原料药领域各类价格垄断行为的表现形式、违法性认定以及价格垄断协议的豁免条件
《关于促进“互联网 + 医疗健康”发展的意见》	2018 年 4 月 28 日	国务院办公厅	提出了促进互联网与医疗健康深度融合发展的一系列政策措施

续表

政策文件	发布日期	发布单位	主要内容
《4+7 城市药品集中采购文件》	2018 年 11 月 15 日		启动药品集中采购试点，试点地区范围为北京、天津、上海、重庆、沈阳、大连、厦门、广州、深圳、成都、西安 11 个城市，涉及 31 个指定规格的采购品种
《关于印发按疾病诊断相关分组付费国家试点城市名单的通知》	2019 年 6 月 5 日	国家医疗保障局、财政部、国家卫生健康委、国家中医药局	部署北京、天津、上海等 30 个城市启动按疾病诊断相关分组付费（DRG）国家试点
《中华人民共和国药品管理法》	2019 年 8 月 26 日	第十三届全国人民代表大会常务委员会第十二次会议	取消多数药品的价格限制
《关于以药品集中采购和使用为突破口进一步深化医药卫生体制改革的若干政策措施》	2019 年 11 月 29 日	国务院深化医改领导小组	优先将原研药价格高于世界主要国家和周边地区、原研药与仿制药价差大等品种，以及通过仿制药质量和疗效一致性评价的基本药物等纳入集中采购范围

案例 1　河南润弘制药股份有限公司（未过会）发审会问询问题

请发行人代表说明：（1）发行人主导产品长春西汀注射液被列入安徽省、青海省、苏州市等省市的“重点药品监控目录”中，医疗机构在制订采购计划、医生处方审核时，对公布的重点药品从严管控、防止滥用，上述事项对发行人长春西汀注射液业务产品的销售、经营业绩和持续盈利能力是否构成重大不利影响；（2）发行人在其历次提交的《招股说明书（申报稿）》等申请材料中均未对上述事项进行披露的具体原因；

发行人相关信息披露是否准确、完整，相关风险揭示是否充分。请保荐代表人对前述事项说明核查方法、程序、依据和结论。

小兵评析 ▶

发行人主导产品在某些重点区域已经被认定为“重点药品监控目录”，显然这对于发行人来说影响是巨大的。根据相关的信息披露，发行人产品被监控的区域会逐渐扩展，进一步降低市场竞争力。另外，被监控的产品是发行人的核心盈利来源，对持续盈利能力的影响是显而易见的，因而没有通过审核。

案例2 湘北威尔曼制药股份有限公司（未过会）

招股说明书重点阐述了抗菌药物“临床应用分级管理规定”和“限制门诊输液”等政策对发行人生产经营的影响。

1. 抗菌药物分级管理规定的影响

截至目前，全国已有30个省、自治区、直辖市建立了抗菌药物分级管理目录。在上述30个省、自治区、直辖市中，青霉素哌舒（2:1）在26个地区列入限制级、2个地区列入特殊级、2个地区未列入省级分级管理目录，头孢噻舒在10个地区列入限制级、8个地区列入特殊级、12个地区未列入省级分级管理目录。

由于公司青霉素哌舒（2:1）和头孢噻舒价格相对较高，因此主要列入限制级和特殊级，但由于具有中级以上职称的医师就拥有限制级抗菌药物的处方权，并且青霉素哌舒（2:1）进入国家医保目录、头孢噻舒进入20个省、自治区、直辖市的医保目录，由此受抗菌药物分级管理目录影响不大。

由于青霉素哌舒（2:1）进入广东省、湖南省、山西省和吉林省的基本药物目录，头孢噻舒列入广东省、山西省基本药物目录，基本药物属于国家鼓励用药，医疗机构应当优先选用纳入基本药物目录的抗菌药物，基层医疗卫生机构只能选用基本药物（包括各省、区、市增补品种）中的抗菌药物，使公司报告期内销售收入持续增长。

2. 限制门诊输液管理规定的影响

2012年国家卫计委发布84号文，即提出了限制门诊输液的要求，此后每年均持续发布相关文件，强调严格执行84号文的规定，并且明确了门诊抗菌药物使用率。2017年发布的《国家卫生计生委办公厅关于进一步加强抗菌药物临床应用管理遏制细菌耐药的通知》仍然是对原有政策的进一步强调，并提出对碳青霉烯类抗菌药物以及替加环素等特殊使用级抗菌药物进一步加强管理。而发行人的核心产品不属于碳青霉烯类和替加环素类抗菌药物，不受相关要求的影响。

自国家实施对抗菌药物临床应用管理的有关政策规定以来，全国抗菌药物临床应用监测网显示，住院患者抗菌药物使用率从2010年的67.3%下降到2015年的39.1%，门诊患者抗菌药物使用率从2010年的19.4%下降到2015年的9.4%。

根据上述统计，门诊患者抗菌药物使用率已经控制在较低水平。并且由于门诊患者在抗菌药物使用方面，优先使用口服方式，其次为皮下注射或肌肉注射方式，再次才为输液方式，实际门诊输液比例已经很低。

公司核心产品青霉素哌舒（2:1）和头孢噻舒主要针对中、重度感染患者（2017年青霉素哌舒在《国家基本医疗保险、工伤保险和生育保险药品目录》中取消原“限重度感染”的要求），而非普通门诊患者，因此受“限制门诊输液”政策影响要小于其他普通抗生素。

鉴于国家限制抗生素滥用政策的延续性以及公司产品的特性，抗菌药物“临床应用分级管理规定”和“限制门诊输液”等政策对发行人生产经营不会产生重大影响，随着发行人现有药品的不断开拓以及新药品种的不断开发，发行人未来仍将保持持续增长。

3. 84号文颁布以来公司发展情况

2012年国家卫计委颁布84号文后，整个抗生素行业均受到一定影响，公司也不例外，因主要产品明确进入各地分级管理目录，需要一定过程，收入有所下降，到 2013 年营业收入仅为 17,196.08 万元。2014 年开始恢复增长，尤其头孢噻舒纳入广东省基本药物目录，使公司报告期内营业收入取得快速增长，近三年分别为 26,967.54 万元、34,238.33 万元、42,248.86万元。

小兵评析 ▶

发行人的产品主要是抗生素产品，国家这两年一直在反思抗生素的问题，并且集中下达了很多文件严格限制抗生素的使用数量和比例。大的政策环境不可逆转，发行人该如何应对，解释思路为：尽管限制使用，但是抗生素产品肯定不会消失，市场容量依旧很大，并且发行人业绩持续增长。

案例 3　昂利康（代码：002940）发审会问询问题

请发行人代表说明：（1）经销商、配送商的选取标准，报告期经销商及配送商数量、配送商平均销售金额等指标变动的原因及合理性；（2）报告期主要经销商和配送商的进销存情况，是否实现最终销售，是否存在囤货情况，部分经销商不提供进销存数据的原因及合理性；（3）采取配送商模式对应收账款周转率的影响，配送商模式下销售信用政策与经销商模式下销售信用政策的异同，是否存在放宽信用期扩大销售的情况，相关风险是否已经充分披露；（4）对于既是经销商又是配送商的客户如何进行管控；（5）两票制对发行人业务模式及收入的影响；（6）向部分供应商采购金额占其同类产品销售额的比重较大的原因及合理性，相关供应商的业务范围、经营业绩，是否与上述供应商存在除购销以外的其他关系，是否存在其他利益安排。请保荐代表人发表核查意见。

小兵评析 ▶

“两票制”的初衷是好的，可在实践中真的会解决药价虚高以及不让中间商赚差价的历史难题吗？从一些公开披露的数据来看，至少药价高的问题暂时没有得到本质的改变；中间商赚差价的问题好像也没有太大变化，只是原来是直接赚差价，现在则通过设立一个专门的推广公司来赚取服务费。

以本案例发行人为例，“两票制”对医药企业的影响主要体现在：

1. “两票制”下，公司将继续负责生产，但产品销售不经由经销商流通，而是由发行人直接销售给配送商，由配送商销售至医院。在此过程中，区域渠道开拓、市场和学术推广活动由原经销商或发行人筛选的专业医药咨询公司（推广公司）承担。经销商的收入模式从过去赚取发行人和最终客户之间的药品购销差价，改变为通过向发行人提供专业化的销售推广服务赚取推广服务费。

2. 发行人 2015－2017 年毛利率分别为 23.55%、32.11% 和 53.84%，如果剔除“两票制”的影响，发行人 2017 年的毛利率是 38.79%。“两票制”导致配送模式的出现，这种模式跟医药行业的直销模式极其相似，从财务指标上来看，发行人的毛利率和销售费用率大幅提高。

3. “两票制”下，经营环节中，最重要的一个主体——推广服务商应运而生、闪亮登场，推广服务商一般都是原来经销商的关联方，原来经销商是赚差价，现在是赚推广服务费。发行人 2015－2017 年的推广费分别为 393.19 万元、733.88 万元和 20,738.03 万元，同比增加约 2 亿元。

二、销售费用

在医药类公司 IPO 审核过程中，销售费用（主要是市场推广费、学术研讨费、会议费等名目）一直都是一个典型且又疑难的问题。很多企业可能为了规避风险，采取经销的模式，将医药行业一切潜规则的风险转移给经销商。某些企业在必须要采取直销模式的情况下，也会寻找一些中介公司来帮助企业开具发票，规范费用支出。对于这个问题，尽管我们都知道实践中一些灰色的支出是不可避免的，但只要是在形式上和外部证据上能够自我论证，能够给予一个合理的解释，监管机构基本上是认可的。从现有审核通过的医药类 IPO 发行人来说，基本上都遵循了这样一个基本原则。

就市场推广费而言，审核关注点越来越详细和具体，主要关注点有：（1）学术推广费的明细和具体分项构成，也就是钱都是怎么花出去的，不能再是一个总数，而必须是一个明细；（2）是否给过相关人员礼品、回扣，或者间接地提供游学或者旅游资助之类的；（3）购买一些推广服务的具体内容，这些服务是不是与支付的价款相匹配，取得的相关票据是否符合规定；（4）发行人要召开很多次会议，每次会议的时间、人数、费用报销情况，会议是否确实召开了，是否存在会议异常的情形；（5）发行人是否存在向销售代表个人账户打钱或者资金体外循环的情形等。

案例 4　海辰药业（代码：300584）发审会问询问题

招股说明书披露，报告期内，为顺应国家“两票制”政策的实施推广，发行人加大了自主学术推广的力度，精细化推广模式下销售收入大幅度提高，导致发行人销售费用增幅较大，主要表现在宣传费、市场开发费等费用增长幅度较大，2015 年两项费用达到 2215.99 万元，占收入的比例达到 10.03%。请发行人代表说明：（1）报告期内宣传费、市场开发费的主要内容与性质；（2）现金支付该类费用的金额和比例；（3）发行人如何从内部控制制度上保障该类费用发生的合法合规及防止可能存在的商业贿赂。请保荐代表人说明核查过程并发表核查意见。

小兵评析 ▶

对于发行人来说，发行人报告期内经销收入占比达到95%以上，为了应对“两票制”对公司的影响，公司主动开展了所谓的“精准推广营销计划”来替代经销模式，从而导致发行人报告期销售费用大幅增加，且主要是宣传费和市场开发费。至于发行人是如何对销售费用进行财务核查以及取得相关证据的，我们无从得知，不过从发行人的解释来看，有些理由和逻辑还是符合实际的，也是值得信赖的。

案例5 海南中和药业股份有限公司（未过会）发审会问询问题

发行人报告期销售费用率较高且逐年增长，业务推广费占比较高。请发行人代表说明：（1）合作推广服务商的选取标准，相关协议、管理制度及其执行情况；（2）报告期合作推广服务商服务情况，主要市场推广模式、市场推广工作内容、付费标准等；（3）报告期业务推广费大幅增加的原因，是否与收入和业务规模相匹配；（4）报告期学术会议从2015年的332次增长到2017年的2676次的原因及合理性，学术会议相关内控制度及其执行情况；（5）业务推广费使用是否存在不当利益安排，是否能够有效防范商业贿赂风险，相关内控制度是否健全有效。请保荐代表人说明核查过程、依据，并发表明确核查意见。

小兵评析 ▶

发行人销售费用逐年增加，且增加的主要就是业务推广费，从2005年的8000多万元直接增加至2007年的2.3亿元，这增加的1.5亿元费用原来都是在经销商那里消化的，而现在都要发行人自己来消化。显然，无论是从实践操作上看，还是从“IPO审核的形式上”看，这都是一个非常大的挑战。

发行人自己承担学术推广的费用也是因为销售模式的改变，大家对此都很清楚了。关于学术推广费的具体处理，实践中一般也是寻找一些市场推广服务公司。至于这些推广服务公司是否真正能够给发行人提供服务，以及这些服务是否真实且合理，那就涉及什么样的形式要件符合审核标准的问题。

其实，不管是对于监管机构来说还是对于民众来说，医药流通行业的潜规则大家都清楚得很，这也是国家要强制推行“两票制”的原因。“两票制”确实可以解决这个问题，但是实践中，这么多年形成的弊病是不是很快就能通过一个政策就地解决？这显然是不现实的。而现在这两种力量博弈的结果就全部体现在医药企业 IPO 审核的问题上了。企业要 IPO 就要信息披露，这个问题就会被无限放大，医药企业很无辜，监管机构也很为难。

小兵认为，医药企业首先要保证市场推广费的金额和变动趋势在一个可控的范围内，此外就是要保证在形式上至少能符合基本的审核要求。具体到本案例发行人，每年召开的学术会议从 300 多次直接增加到 2600 多次，显然就有点超出大家的承受能力了。

三、商业贿赂

前面分析的时候已经提到过多次，对于医药企业来说，灰色支出一直存在，只是如何去正视和论证的问题。医药企业 IPO 销售费用中的市场推广费或者学术推广费问题都是重点关注问题，由此引申的就是是否存在商业贿赂的问题，这成为一个潜在的 IPO 审核的红线问题。

对于商业贿赂的质疑一直存在，也确实是防不胜防，这个问题的确是医药行业任何一家 IPO 企业都悬在头上的一柄剑。实践中可能会涉及员工个人的商业行贿行为，也有可能因为客户东窗事发而引起对医药公司存在行贿的怀疑，等等。

案例 6 南京圣和药业股份有限公司（未过会）发审会问询问题

请发行人代表说明：(1) 报告期，市场拓展费金额较大的原因，是否符合商业模式和行业惯例；(2) 在营销活动中是否存在给予过相关医生、医务人员、医药代表或客户回扣、账外返利、礼品，是否存在承担上述人员或其亲属境内外旅游费用等变相商业贿赂行为；(3) 有关支出是否存在直接汇入自然人或无商业往来第三方账户的情形；(4) 自主学术推广会议相关组织和支出情况，包括召开频次、召开内容、平均参与人次、费用报销情况等；(5) 针对市场拓展费，发行人是否建立并完善了相关的内控制度，报告期内控制度的执行情况。请保荐代表人发表核查意见，并说明核查过程和方法。

小兵评析 ▶

这个问题本来就是医药类公司一个标准的问询问题，本案例中对于这个问题的关注就更加直接、具体和敏锐了，问得不再那么模糊和羞羞答答，而是直入主题。关注的思路和层次主要有以下几个方面：(1) 金额较大的市场推广费是不是符合惯例；(2) 是不是给医生各种名义的回扣或者其他费用，并且关注到了变相贿赂的情形；(3) 贿赂的款项是怎么支付的；(4) 学术推广会议到底是怎么召开的，包括召开频次、内容、人员、费用报销等。

案例 7 湘北威尔曼制药股份有限公司（未过会）发审会问询问题

发行人主要采取经销的销售模式，报告期内发行人二级经销商的业务员因商业贿赂被判处刑罚，且 2014 年、2016 年存在现金支付长沙原道医药科技开发有限公司和湖南熬吧文化发展有限公司，用于产品市场推广的情形。请发行人代表说明：(1) 发行人的主要销售模式，招商代理的经销模式具体销售流程，代理商同时均为经销商的合理性；（2）发行人与经销商、代理商有关费用的分摊、销售人员的归属，经销商和代理商的权利义务是否存在差异；（3）发行人市场推广活动的主要类型和开展情况；（4）发行人对经销业务的内部控制制度及执行情况，是否已建立相关的防范商业贿赂风险控制体系。请保荐代表人说明核查依据，并发表明确核查意见。

小兵评析 ▶

本案例的发行人是关注到发行人二级经销商的业务员存在商业贿赂的情形而被处罚。从基本逻辑上来讲，与发行人并没有必然的直接联系和法律关系。发行人主要是采用经销模式，医药行业采用经销模式在很大程度上就是为了切断这些不合规的行为。不过，这个案例的特殊之处就在于，发审会问询问题关注的是发行人曾经存在以现金方式支付给经销商用以市场推广的费用的情形，那么，这笔钱就有可能是经销商代表发行人的意思去进行市场推广了，从这个角度上讲，发行人又跟经销商扯上了关系，这是最麻烦的地方。

当然，从小兵的角度来讲，这个问题并不一定是医药行业 IPO 发行人不可逾越的红线，具体问题还是要具体分析，不同的人也可能会有不同的判断。说严重了，是发行人跟经销商脱不了干系；说轻松了，那毕竟是经销商的事情，跟发行人的上市主体没有关系，发行人还是合规的。这个问题如何去看，前提就是要看发行人是否具备基本的上市条件。

四、销售模式

医药行业主要有两种销售模式：一种是直销，就是推广和销售都是发行人来处理；另一种是经销，就是推广和销售全部由经销商来处理。这两种模式都是权利义务分割得比较清楚，在核算方面也较容易处理，大家在实践中也比较好理解。

在“两票制”实行后，医药企业的销售模式发生了一些变化。在以前的经销模式下，医药企业可以低价将产品销售给经销商，经销商负责后续的市场开拓、售后服务等工作，这样就进行了风险的彻底隔离。而在“两票制”下，经销商只能开一次票，那么销售环节的价格也就透明了，以前通过各种票据方式进行费用处理的空间就没有了。

从这个角度来说，以前经销模式的天然优势瞬间就没了，“两票制”下，医药企业通过经销模式进行风险隔离的目的也就达不到了。因此，医药企业又开始考虑将经销模式调整为直销模式。在直销模式下，发行人本来应该在流通领域消化的各种形式的销售费用，就只能在发行人身上来体现，这对于任何一个医药企业的 IPO 审核来说，都是一个不小的挑战。

因此，“两票制”对直营模式的医药企业没有任何影响，而对于经销模式的企业则有本质的影响。而现实情况是，对于医药企业来说，除非是一些特殊的产品，基本上都会采取经销模式，在“两票制”影响下，经销模式的变化需重点关注。

案例 8　河南润弘制药股份有限公司（未过会）发审会问询问题

请发行人代表说明：(1) 发行人与经销商合同或协议中对专业化学术推广活动的责、权、利条款约定及其执行情况，“两票制”的推行对发行人经销模式的影响；(2) 发行人实施销售激励与专业化学术推广之间的关系；(3) 报告期内存在较大数量经销商进出的原因，退出经销商所经销发行人产品的处置情况；(4) 发行人如何掌控经销商学术推广活动及向终端客户的产品销售价格，经销商在学术推广发行人产品中是否存在商业贿赂情形；(5) 主要产品长春西汀注射液的原料药通过瑞士Linnea. SA指定的国内独家代理商采购，同时药品主要通过经销商的专业化学术推广进行，发行人是否具备独立面向市场经营的能力，相关经营风险是否充分披露。请保荐代表人对前述事项说明核查方法、程序、依据和结论。

附：发行人销售模式说明

公司以买断方式将医药产品销售给医药商业企业，再由医药商业企业销售至各级医疗终端和零售终端。公司根据所销售产品的类别、产品所面向的终端市场、产品的竞争力等将销售分为三种具体模式：对于长春西汀注射液、中风回春片等很有特色，具有很强竞争力的产品，公司主要采取专业化学术推广模式进行销售；对于大部分 OTC 产品及市场竞争力较强的处方药，公司主要采取终端控销模式；对于其他产品采取渠道分销模式。公司三种销售模式的对比情况如下（见表 2）：

表 2　公司三种销售模式对比

<table>
<tr><th>销售模式</th><th>主要面向的品种</th><th>品种的市场竞争力</th><th>产品主要面向的终端市场</th><th>公司对终端市场的管控力</th><th>公司对经销商的服务方式</th><th>风险、报酬的转移</th></tr>
<tr><td>专业化学术推广</td><td>处方药主导品种</td><td>强</td><td>二、三甲医院</td><td>强</td><td>提供专业学术支持</td><td>经销商买断</td></tr>
<tr><td>终端控销</td><td>大部分非处方药</td><td>较强</td><td>主要是连锁</td><td>强</td><td>提供营销策划</td><td>经销商买断</td></tr>
<tr><td colspan="3">特色处方药</td><td colspan="2">药店</td><td colspan="2">用药知识支持</td></tr>
<tr><td>渠道分销</td><td>普药</td><td>弱</td><td>社区医院、乡镇卫生院、诊所</td><td>弱</td><td>提供促销、分销支持</td><td>经销商买断</td></tr>
</table>

1. 专业化学术推广模式

公司专业化学术推广具体方式为：公司在各区域设置业务经理，选择和管理当地经销商。公司选择当地具有学术推广团队的经销商，公司负责向经销商提供关于产品的前沿研究、临床案例、用药指南、常见问题、不良反应信息等学术资料，并为经销商提供关于产品的咨询服务。由经销商的团队负责组织、实施各类别学术会议、学术论坛、培训会等学术推广活动，并由经销商承担学术推广的费用。公司与经销商签订经销协议，制定销售指标，根据指标考核经销商的销售业绩，达标者有优先续约权，同时对经销商实施销售激励政策。

2. 终端控销模式

公司对于大部分OTC产品及市场竞争力较强的处方药，采取终端控销模式进行销售。针对该类产品，公司选择在特定区域拥有较强销售网络、在当地连锁药店或诊所等终端有较强影响力的经销商。由公司为经销商提供营销策划和产品知识支持，由经销商具体实施营销和配送。公司通过经销商对销售区域实施严格划分，在同一区域内实施统一的零售价，严格禁止窜货，公司还通过经销商及时掌握各终端的销售数据，通过上述方式实现对终端的管控。

在终端控销模式下，对于独家品种，公司主要采取成本加成方式进行定价，对于医保品种，主要根据在各省的中标情况定价。除少数客户外，公司均采取款到发货的方式进行结算。

3. 渠道分销模式

公司对于其他产品主要采取渠道分销模式，即选择商业信誉良好、行业内影响力较大、经营思路清晰、服务意识较强的大型医药商业企业作为经销商，由经销商参与并主导对区域市场、终端市场的产品推广活动，公司业务人员为经销商提供促销方案支持，协助经销商做好分销，推动产品向终端销售。

小兵评析 ▶

发行人的经营模式有些不同，是直销和经销两种模式的一种综合体，也就是：发行人买断式将产品销售给经销商，同时发行人还要通过经销商来进行专业学术推广。这种模式下，发行人学术推广的权利和义务如何划分，就是一个需要详细说明和划分的问题。比如，发审会问询问题就关注到：学术推广的费用具体由谁来支付、学术推广费用与经销商激励怎么区分、专业学术推广下终端销售价格如何确定和控制等。此外，我们还需要重点关注发行人是否通过这种方式来规避商业贿赂的情形，需要解释发行人采取这种销售模式与其他模式相比具体的好处是什么。关于商业模式的解释，不怕复杂也不怕麻烦，就怕不合理，连自己都说不清楚。

案例9　海南中和药业股份有限公司（未过会）发审会问询问题

发行人产品销售以经销商和配送商模式为主，报告期配送商模式下的销售占比逐年提高。请发行人代表说明：（1）经销商、配送商的选择标准，与发行人的权利义务关系，相关协议、管理制度及其执行情况；（2）报告期经销商、配送商数量，配送商平均销售金额等变动的原因及合理性；（3）报告期主要经销商和配送商的进销存情况，是否实现最终销售，是否存在囤货的情况；（4）销售模式变化对公司经营策略、经营状况及未来发展趋势的影响。请保荐代表人说明核查过程、依据，并发表明确核查意见。

附：发行人销售模式说明

公司目前销售的主要为制剂产品，销售模式包括经销商模式、配送商模式和直销模式（见表3）。

表3　发行人销售模式

项目	经销商模式	配送商模式	直销模式
药品流通环节	生产企业—经销商—配送商—终端	生产企业—配送商—终端	生产企业—终端
市场推广方式	经销商主导市场推广活动并承担相关费用	公司销售团队或委托第三方推广公司进行市场推广活动，由公司承担推广费用	企业销售团队自主推广
货物流向	一般不掌握经销商货物流向	进行货物流向跟踪	掌握货物流向
定价模式	出货价相对较低	出货价相对较高	出货价相对较高

续表

项目	经销商模式	配送商模式	直销模式
销售费用率	相对较低	相对较高	相对较高
销售毛利率	相对较低	相对较高	相对较高
销售人员	配合经销商进行市场推广，投入强度较低	主导市场推广活动，投入强度相对较高	主导市场推广活动、投入强度相对较高
结算方式、回款方式	主要为款到发货，对于资信较好的经销商会给予一定信用期	配送商主要为大型医药流通企业，公司通常给予一定信用期	直接与终端结算，回款方式受制于终端回款速度

配送商模式是公司在“两票制”政策下推行的新的销售模式，与传统的经销模式相比，配送商模式使得药品的流通环节更少、药品流向更加透明、定价模式更加市场化，同时，药品生产企业需要承担更多市场开拓、销售队伍建设任务，因此，虽然配送商与经销商均为公司直接下游客户，配送商与经销商在其权利义务等诸多方面存在差异，两者的区别较为明显。

小兵评析 ▶

这个问题主要关注的是销售模式的变化，从经销模式到配送模式。配送模式在本质上就是一种直销模式，只是配送商负责最后一公里产品配送。配送商只负责配送，没有任何其他跟销售有关的责任和义务。配送商以后是否可能会变异，成为费用消化的一个渠道，我们不得而知。

五、产品质量

众所周知，食品药品安全绝对是零容忍，不能犯任何错误的。最近几年，因为出现了一些食品药品安全方面的问题，国家也一直对这种行为进行严厉的打击，因而医药企业必然要关注到药品安全问题。对于不准备 IPO 的企业来说，偶然出现一些小的药品安全方面的瑕疵，不一定会引起重点关注，但是对于拟成为公众公司的发行人来说，任何小的跟药品安全有关的问题，如何重视都不算过分。

因为药品质量问题而被处罚，对于医药制造企业来说，有些时候可能就是灭顶之灾，需要重点关注。其关注要点主要有以下几个方面：(1) 出现药品质量问题的原因和背景；(2) 出现质量问题的药品的具体批次、名称、销售金额以及占比情况；(3) 出现质量问题的药品投放市场的情况，是否需要召回，是否存在纠纷和巨额赔偿的情形，对发行人经营业绩的影响；(4) 发行人内部控制措施缺陷的原因以及后续改进的措施。

案例 10 海辰药业（代码：300584）发审会问询问题

发行人招股说明书披露，2016 年 3 月 14 日，国家食品药品监督管理总局发布《关于苏州中化药品工业有限公司等 29 家企业 36 批次药品不合格的通告（2016 年第 54 号）》，发行人生产的注射用盐酸甲氯芬酯（批号：20140904，20141002）因“［检查］（有关物质）”项目不合格被通告。2016 年 5 月 24 日，南京市食品药品监督管理局出具《行政处罚决定书》［（南京）食药监药罚〔2016〕8 号］，对发行人予以了行政处罚。请发行人代表说明相关药品不合格的具体情况；相关批次药品的后续处理情况；保证产品质量的内部控制制度失效的原因，以及采取了何种加强产品质量控制的措施。请保荐代表人说明核查过程并对发行人其他产品是否存在质量问题发表核查意见。

小兵评析 ▶

行政处罚在 IPO 实践中还是非常常见的，只要是主管部门能够认定不属于违法违规行为，一般也不会构成 IPO 的实质性障碍。本案例有两个方面比较特殊：(1) 发行人是因为药品质量问题而被处罚，这对于一家医药制造企业来说显然很敏感；（2）发行人是在 2016 年 5 月被处罚，这应该也是发行人即将上会审核的关键时期，不排除发行人的确因为这个因素，还推迟了 IPO 审核的时间。

具体到发行人的药品质量问题，发行人也是及时应对且措施得当，对其他批次的药品以及保留在公司处的样本都进行了核查，发现均不存在问题，最后得出结论是由于运输和储存不当引起的，并且由药监局出具了不属于重大违法违规行为的证明。

六、专利技术

商标、专利、非专利技术等资产，对于一个企业的生产经营还是非常有价值的，甚至有些价值是不可估量的。既然是有价值的资产，自然也就应该有交易的需求和交易价格的确定。从另外一个角度来说，其实这些资产跟我们平时所见的机器设备或土地厂房并没有本质的区别。既然没有本质区别，为什么在 IPO 实践中这类资产的转让和交易并不是很常见，原因就是这类资产还是有一定特殊性的。这类无形资产的特殊性在于：

1. 这类资产都有一定的依附性或者有特定的用途，某个资产在这个企业好用，在别的企业不好用；在这个产品上好用，在别的产品上根本就不能用。

2. 这类资产的估值是一个最大的问题。如果按照成本法，在研发费用不能资本化的情况下账面值几乎都是零，没法确定真正的价值。如果采用可比法，如果有相同的东西可以对比，那么这个资产也就不具备专利技术的新颖性和独特性了。因而这类资产的评估只能用收益法，但如果用收益法，评估出来的价值很可能是整个企业或企业某个核心产品全部的价值，这样的评估价格显然也不合适。

3. 这类资产的交易一般都是同一控制下的交易，基本上都是发行人为了资产的完整性受让控股股东或关联方的无形资产。由于上面提到的估值不是很好确定，一般情况下也都是零对价转让，因而一般也就不会引起足够的关注。有一种特殊情况，那就是医药企业之间可能会存在批文、批号等一系列无形资产的交易。

另外，关于无形资产问题，还需要注意的是，研发费用与技术先进性的匹配问题。如果发行人历年投入的研发费用金额都较低且没有合理的理由，那发行人过度强调技术的先进性和产品的技术含量，在匹配度方面是有问题的。

案例 11 华森制药（代码：002907）发审会问询问题

请发行人代表说明：(1) 发行人向常州金远药业购买大量非专利技术的原因，购买非专利技术的定价依据和公允性；(2) 发行人所购买的非专利技术后续申请专利和实际运用情况，与购买时的市场预期是否一致；(3) 发行人对非专利技术进行减值测试的方法，资产减值准备计提是否审慎、充分。请保荐代表人发表核查意见。

小兵评析 ▶

这次我们要关注的是，无关联企业主体之间关于专利或非专利技术的一种市场化的交易。本案例是一个典型案例，这应该也是转让无形资产最常见的一种情形，那就是医药行业购买一些批文或者证书。此外，在软件行业或者一些特定行业可能也会存在直接购买一些资质的情况。当然，值得注意的是，有些资质跟企业主体不可分离，所以很多情况下，企业收购资质是跟收购企业股权合并进行的。

监管机构对于发行人收购非专利技术的行为还是做了重点关注，关注要点主要在于：(1) 关注发行人收购这个资产的必要性和原因，为什么要花钱买这个资产；(2) 自然是更加关注这个资产的价值以及收购价格是否合理，这个问题确实是 IPO 中需要花费力气重点去解释的一个问题；（3）收购的资产后续在发行人这里的使用以及产生价值的情况，发行人购买这个资产是否划算，必要的时候，可能还需要对这个资产进行减值测试。

七、独立性

对于申请 IPO 的发行人来说，最核心的要求以及最低的门槛就是独立性，我们一般都讲“五独立”：资产完整独立、业务独立、人员独立、财务独立和机构独立。从小兵的角度来说，“五独立”要求中的核心要求是资产完整独立和业务独立。换句话说，也就是与发行人生产经营相关的全部资产和资质都要纳入上市主体内，同时发行人应该完全具备独立参与市场竞争的能力。

从 IPO 的审核情况来看，对于业务体系的审核也会尊重商业发展的基本规律和企业自我战略规划的诉求，只要能够保证企业经营持续和盈利能力稳定就可以。比如，这些模式都是存在的并且是得到认可的：

1. 有的企业销售体系完全依赖于经销商，产品销售全部是经销模式，这种情况下发行人就是没有销售体系，也没有多少销售员工。

2. 有的企业产品研发可能会跟其他的科研院所或者别的企业一起合作，开发完之后进行产权归属以及收益的约定，也就是将研发工作委托给更加擅长的单位。

3. 有的企业将不是核心的生产环节或者产品委托给外部企业加工生产，也就构成了我们常见的委托加工的生产模式。

4. 对于采购，其实也会存在这种情形，那就是发行人会委托一家或者几家公司，帮助发行人在全国甚至全球范围内进行采购，发行人的供应商就类似于集中采购的角色，这种情况下，发行人相当于将部分采购职能转移给了其他企业。

从上述分析来看，企业经营模式中的任何一个环节都可能存在弱化或者委托给别人的情形，这种情况只要保证缺失的不是核心环节或者产品，能够保证发行人生产经营的稳定性，保证持续盈利能力的稳定性，那么，一般情况下不会构成 IPO 审核的实质性障碍。但是，如果存在核心资产的缺失，还是要重点关注的，比如在一个医药研发生产企业里，发行人的生产是与其他企业合作生产的，并且生产批件也是在其他企业手里。

案例 12　赛隆药业（代码：002898）发审会问询问题

请发行人代表说明：(1) 公司注重研发和销售生产模式的实际开展情况，自主研发情况，对经销商和终端医院的掌控情况，相关生产模式的信息披露是否真实、准确和完整；(2) 发行人两种主要产品均由合作方获取生产批文，由合作方利用生产设备生产，合作方之一处于被收购过程中，是否表明发行人最近一个会计年度的营业收入或净利润对存在重大不确定性的客户存在重大依赖；(3) “两票制”之后，发行人将转为合作方，提供市场推广服务及技术服务，是否表明发行人的经营模式、产品及服务已经或者将发生重大变化，并对发行人的持续盈利能力构成重大不利影响；(4) 现行的业务模式和可比上市公司之间是否存在差异，现行的业务模式是否对发行人的独立性有重大不利影响；(5) 发行人定位于药品生产企业的事实依据；(6) 发行人在用的商标、专利、专有技术以及特许使用权等重要资产或技术的取得或者使用是否存在重大不利变化的风险。请保荐代表人针对上述情况以及发行人是否符合《首次公开发行股票并上市管理办法》相关规定发表核查意见。

小兵评析 ▶

发行人是一家医药研发、生产和销售企业，医药生产和销售是企业的核心经营环节，如果发行人是一家单纯以医药研发作为主营业务的企业，将研发成果直接销售的话，那么也就没必要讨论这个问题了。本案例发行人的基本情况是这样的：发行人以前是做医药研发的，并且研究出小批量生产的技术。如果要申请生产批件，需要将药品落地到通过 GMP 认证的生产线上。发行人没有生产线，于是就找到了具有这个资质的生产企业合作生产，发行人帮助这个生产企业申请生产批件。在合作生产模式下，发行人指定原材料供应商以及产品价格，生产企业根据指定采购原材料，并根据约定收取加工费，然后生产企业将全部产品销售给发行人，发行人再独立对外销售。

这个案例发行人最大的问题在于，发行人生产经营需要的部分资质以及最主要的生产环节都不在上市主体内，因此监管机构对于这个问题做了重点关注，发行人也用了接近 3 万字来重点解释了这个问题。审核关注的要点主要体现在：（1）发行人与生产企业合作生产的原因以及合作历史；（2）发行人与合作方具体业务合作流程和操作方式；（3）合作生产模式下发行人与合作方的核心资质取得情况；（4）合作方的基本情况、合作方经营业绩情况；（5）合作协议的具体内容以及相关违约条款，如何保证双方合作的稳定性；（6）双方合作利益分享的机制，是否存在发行人通过生产方调节业绩的情形，生产方取得的加工费是否符合行业惯例，价格是否公允。

小兵认为，企业这种生产完全在外的经营模式还是存在重大经营风险的。尽管发行人采用长期合作生产的模式可能性非常大，并且发行人上市之后，完全具备自己生产的条件，但是一个企业从没有生产到开始生产还是需要很长的积累过程的，尤其是医药企业这种对于生产设备和流程要求非常严格，还需要主管部门认证的情形。这个案例只能作为我们研究和思考问题的一个范例，是否具备可参考性不得而知。

第二章

医疗器械行业 IPO 审核要点

Chapter 2

医疗行业可以简单分为两大块，一块是医用药品，另一块是医疗器械。一般情况下，我们都是将医药行业和医疗器械行业作为一个行业来讨论的，但是在实践中，这两个行业不论是市场竞争格局还是技术发展路径，不论是市场容量还是经营模式，都存在本质的差异。出于这样的考虑，我们在分析的时候将两个行业进行了拆分和明确的界定，以期能够更加有针对性地分析一些问题。

从某种意义上来说，医疗器械行业本身存在的一些问题和特征比医药行业更加复杂，单单是 IPO 审核的业绩标准，小兵觉得可能就要比别的行业的要高。这里简单说一点，为什么小兵一直在强调，不同行业的发行人 IPO 要求的业绩门槛会不一样呢？个人认为，业绩规模最终反映的就是一个企业在这个行业的行业地位和竞争水平，说白了就是话语权。如果这个行业的企业体量都偏大，而发行人体量太小，就没有话语权。如果这个行业里竞争的企业因为产业划分极度细化从而导致业绩规模都偏小，即使发行人体量较小，可能在某个细分领域还是有一定的竞争力。说得再直白一些，行业给了一个平均的行业业绩规模标准，就看你是在平均线之上还是之下。

医疗器械行业根据不同的标准也可以有不同的划分，从小兵的角度来看，也可以简单理解为两类：第一类是有较高技术含量和市场门槛的，比如重症抢救系列、深度检查分析系列等。第二类是技术含量不是那么高，主要依靠渠道进行销售的，如康复系列、一次性产品系列等。

对于第一类产品而言，小兵理解可能会有以下几个典型的特征：（1）这个行业非常好，现在的市场容量很大，以后的发展空间更大；（2）这个市场目前中高端主要还是境外品牌的天下；（3）某些国内企业正在努力参与到这个市场的竞争，尤其是一些中高端的产品，但是竞争过程中往往会存在一些知识产权的争议或纠纷；（4）某些国内企业已经有了自己独立的知识产权、技术和品牌，但是因为竞争力还不够，只能是在一些低端市场进行销售，市场相对也比较分散，销售规模不是很大。

对于第二类产品而言，主要有以下几个特点：（1）销售数量会比较多，销售价格不是很高；（2）因为是常规性的医疗用品，基本上都是采用经销的模式，因为直销根本就没法实现；（3）因为技术含量低、竞争门槛不高，因而行业里很难形成绝对垄断的企业，具备一定的规模效应但是也有着明显的边界；（4）因为门槛低、竞争激烈，因而毛利率不会很高，并且有很大的利润留在了流通环节；（5）销售模式中可能存在销售返利、赠送仪器或者试剂等情形，是否涉及不正当竞争或者商业贿赂，也是值得关注的问题。

关于医疗器械行业，小兵总结的 IPO 审核重点关注的问题主要包括：推广模式、经销模式、下游客户情况、核心技术等。

一、推广模式

为了推广医疗器械产品，在实践中除了简单粗暴的价格战、人海战术之外，还出现了很多相对比较创新的推广方式，比如搭售方式、免费使用方式、销售改租赁方式等。这些相对特殊的推广方式对应的就是对收入确认以及成本结算的挑战，而收入和成本又直接影响到财务数据的真实准确。因而，在某种程度上来说，我们关注推广模式问题不仅仅关注政策和合规问题，还需要深层次关注财务数据问题。

当然，在推广模式问题上，我们还要关注到一些非常明显的法律问题和合规问题，如与医院联合开展业务推广进行分成的问题、是否构成不正当竞争的行为、是否存在恶意扰乱市场竞争的情形、是否存在与同行业企业存在重大争议甚至纷争的情形等。如果说与不同的推广模式有关的财务问题是需要探讨的技术问题，那么与推广模式有关的法律问题就是合规的红线，不能有任何逾越。

小兵认为，在目前 IPO 审核越来越关注财务数据真实性和合理性的情况下，我们也不能降低对于法律问题以及合规问题的关注度。

案例 1　爱威科技股份有限公司（未过会）发审会问询问题

根据招股说明书披露，发行人将部分试剂和试纸条作为随机配件，主要目的是用于仪器装机调试、给予经销商和升级换机订单让利。请发行人代表说明：（1）发行人用于仪器装机调试和给予经销商和升级换机订单让利分别对应的数量、金额；（2）装机调试耗用量与仪器台数是否匹配；（3）给予经销商和升级换机订单让利对应的金额占对上述经销商和升级换机订单金额的比例，是否涉嫌构成《关于禁止商业贿赂行为的暂行规定》第八条规定的商业贿赂的情形。请保荐代表人发表明确核查意见。

小兵评析 ▶

小兵觉得，在医疗器械行业这种买设备送试纸的情形应该是符合基本商业逻辑的。除此之外，有的发行人为了卖试纸可以免费送检测设备，类似于为了卖墨盒可以免费送打印机。这两种模式应该都是企业为了进行产品销售而采取的一种正常的销售策略，只要是能够符合行业惯例说得清楚并且在财务核算方面能够做到位，一般也不会构成 IPO 的实质性障碍。

具体到本案例的发行人，我们无法判断赠送试纸的金额、数量以及与检测设备是否匹配的相关逻辑关系，可能存在本来应该配套赠送 10 张试纸而变相赠送 20 张试纸，也就是用试纸来进行利益输送的情形。果真如此的话，那就应该是我们值得注意的一种间接的行贿行为，这个就成为一个很敏感的法律红线和合规底线。

案例 2 明德生物（代码：002932）发审会问询问题

发行人报告期先后采取“折扣销售”、“买试剂赠送仪器”和“试剂+仪器配套销售”等推广模式对产品进行推广，不同推广模式仪器成本结转在财务处理上存在差异。请发行人代表说明：(1)“买试剂赠送仪器”模式与“配套销售”模式下检测仪器收入、成本方面的会计处理差异，相关会计处理是否符合会计准则的规定；(2) 由“买试剂赠送仪器”模式转变为“配套销售”模式的情况下，检测仪器成本结转方式变化是否属于会计政策变更；(3) 在“买试剂赠送仪器”模式与“配套销售”推广模式下，交付客户仪器的资产管理制度和执行情况，相关内控制度有效性；(4)“试剂+仪器配套销售”是否构成捆绑销售行为，是否符合相关规定。请保荐代表人发表明确核查意见。

附：公开披露信息

1.“折扣销售”推广模式

公司在经销商购买仪器与试剂产品组合达到一定价值时，给予其一定幅度的商业折扣。折扣销售的仪器与试剂按照其实际销售价格确认销售收入，同时将其成本一次性由存货结转至相应的主营业务成本中。

2.“买试剂赠送仪器”推广模式

公司先将仪器免费提供给经销商使用并收取保证金。当经销商累计购买一定价值的试剂后，公司将仪器所有权转让给经销商，并退还仪器保证金。无偿赠送的仪器不确认销售收入，公司将其成本一次性由存货结转计入试剂的主营业务成本中。

3.“配套销售”推广模式

公司直接或通过经销商间接向终端医疗机构销售试剂，并配套提供仪器给终端医疗机构使用。公司拥有仪器的所有权，经销商与终端医疗机构拥有仪器的使用权。仪器不确认销售收入，而是由存货结转至固定资产，按照 3 年折旧年限进行折旧摊销，相应的折旧费用计入试剂的主营业务成本。

小兵评析 ▶

发行人主营业务是销售体外检测试剂，如同我们常见的检测肝功能的、血常规的等。检测仪器不是发行人的业务重点，主要是为了配合试剂的销售，就跟打印机和墨盒的关系有点像。发行人销售的这种检测试剂在医疗器械行业属于典型的单价低、数量多的产品，销售主要就是要靠“走量”来实现，那么销售模式基本上就是经销模式，主要依靠经销商来实现销售。

发行人为了实现销售，在报告期内还是尝试了三种不同的市场推广模式，当然也可以认为是销售模式。这三种模式在经销模式下基本上都不是很罕见，本案例比较特殊的地方在于一个企业前后经历了三种模式，而一般情况下都是一个企业只采用一种模式。

“折扣销售”这种模式应该是最常见的，会计处理也比较成熟没有什么争议，一般就是按照实际销售价格确认收入，在开发票和交税问题上销售折扣在同一张增值税发票上记载。

关于“买试剂赠送仪器”和“试剂 + 仪器配套销售”两种模式的本质区别，如果不考虑仪器所有权转移的问题，那就不仅仅是仪器一次性计入营业成本还是通过折旧三年进入营业成本的问题。从这个角度来看，显然后面一种推广模式的会计处理相对更加激进一些，因而发审会问询问题关注到推广模式变更的原因、会计处理是否准确、是否存在调节业绩的情形等。关于这个问题，不仅会关注会计处理问题，可能还会关注到行业惯例甚至是否违反行业监管政策的问题，如是否涉及捆绑销售的问题、是否涉及其他的不正当竞争的问题等。

二、经销模式

经销商的核查在 IPO 审核实践中一直都是一个难点和重点。重点自不必说，难点在于一直存在争议，争议主要是在于核查的比例以及是否需要核查经销商最终销售的情况。一般情况下，小兵认为经销商的收入核查比例应该超过 70%，最低也不能低于 50%，至于是否需要对经销商的最终销售进行核查，可以采用抽查的方式，对某些经销商的进销存进行相关测试和核查。当然，理想情况下，对于经销商最终销售的核查自然也是规模越大、比例越高越好，如果经销商本身核算非常不规范，又并非独家销售发行人产品，甚至经销商根本就不配合核查，那么核查就会很有难度，甚至根本就不可能完成。

简单总结一下关于经销商核查的一些核心要点：（1）经销商销售发行人产品是否需要具备相关经营资质，是否存在可以规避资质的情形；（2）经销商家数以及历次变动情况，如果经销商每年变化很大，关注与发行人的合作是否稳定；（3）发行人与经销商的合作模式、合作条件是否发生重大变化，尤其是信用期、回款账期、销售价格等核心条款；（4）当然，经销模式还有一个非常关键的问题就是关注经销商的最终销售问题，关于这个问题实践中只能是向着一个目标去努力，尽管这个目标谁都知道不可能完美实现。其他核查的细节和案例，可以关注《IPO 财务核查解决之道：案例剖析与操作指引》）。

经销模式对于 IPO 的影响，小兵的观点是：不抗拒、迎难上、多出力、听天命。

案例 3　宁波天益医疗器械股份有限公司（未过会）发审会问询问题

请发行人代表说明：（1）经销商下游客户直接为终端医疗机构的数量和销售占比情况，经销商实现最终销售情况，是否存在囤货情形；（2）境外终端客户的主要情况，第一大经销商宁波汉博国际贸易有限公司与发行人是否存在关联关系，与其他经销商是否存在关联关系；（3）2016年、2017 年竞争对手费森尤斯、百特医疗成为发行人前五大客户的原因及合理性；（4）销售人员数量较少、销售费用率低于同行业可比公司的原因及合理性。请保荐代表人说明核查方法、过程并发表核查意见。

小兵评析 ▶

发行人的产品跟血液有关，主要就是一些用于血液循环之类的塑料产品。小兵觉得这个产品在医疗器械领域应该算是比较中低端的产品，市场门槛不高且附加值也不高。很多情况下，发行人的经营模式跟产品定位以及市场竞争格局是直接相关的，因为发行人的产品基本上属于附加值比较低的易耗品，客户使用量也比较大，这种情况下一般都是采用经销的模式进行销售。

本案例中，发行人问询问题要求发行人说明经销商对应的下游最终客户数量以及销售比例，并且关注经销商是否存在囤货的情形，实践中很难做到核查到位。当然，为什么对本案例发行人要求如此苛刻，一方面是因为经销商模式，另一方面是因为发行人还有 30% 的销售比例是通过经销商销售到境外的情况。

此外，问询意见除了关注到发行人重要的经销商是否与发行人存在关联关系之外，还关注了一个非典型问题，那就是发行人竞争对手成为发行人客户的情形。这种情形确实不常见，不过仔细想想在逻辑上也并非不能成立，这就类似于球场上的“打不过就投靠”，本来是对手现在是战友的情况。不过前提是，发行人是不是有这么大的能耐和本事，能够将国际竞争企业给“打”服了，这应该也是监管机构比较关心的问题。

很多情况下，看似完美的方案设计，却经不起最简单的常识推敲。

案例 4　深圳雷杜生命科学股份有限公司（未过会）发审会问询问题

报告期内，发行人采用以经销商为主、直销渠道为辅的销售模式。请发行人代表说明：（1）经销商的选取标准，经销商与发行人实际控制人、董监高及其关联方等是否存在关联关系，经销商的最终销售情况，是否存在利用经销商输送利益、虚增收入等情形；（2）福州康尚医疗等 28 家公司刚成立即成为发行人经销商的原因及合理性，这些刚成立的经销商是否符合前述经销商的选取标准；（3）报告期内发行人所有的经销商是否均取得《医疗器械经营企业许可证》，发行人的经营商销售该类型产品是否需要其他资质许可文件，如有，经销商是否满足相关要求；（4）对经销商未签署合作期限等事项有约束力的合同是否符合行业惯例，是否为发行人主导，相关原因及合理性，该做法是否对发行人经销业务的持续开展产生不利影响。请保荐代表人说明核查过程和方法，并明确发表意见。

小兵评析 ▶

关于这个行业，前面已经提到了只能采用经销的模式，更有人一针见血地评论：这个行业的命脉就在那几个大的医药流通企业手里，不要碰。

这个行业主导的是流通而不是生产，因而不要问为什么发行人没有跟经销商签署什么保障性的合同保证合作的稳定性，因为发行人想签但是段位不够。对于大的经销商，发行人是没有控制力的，发行人想通过这样的经销商来调节利润也是不可能的，这个我们都能理解。发行人要想对经销商有控制力，最大的可能就是，经销商本身是发行人自己或者是有关联关系的，这是另外一个层面的问题。问询问题也关注到 28 家经销商一成立就跟发行人合作的合理性问题。从核查的角度来说，如果实践中我们发现这个行业的发行人对经销商有很强的控制力，签署协议也是发行人主导的，那么，我们还需要重点核查这些经销商是不是真实合理存在的，是不是存在关联关系了。

案例 5 爱朋医疗（代码：300753）发审会问询问题

发行人销售模式包括经销和直销，且以经销为主。请发行人代表说明：（1）采取两种（含多级经销）销售模式的原因，不同销售模式下的客户开发模式、定价机制、销售价格、销售政策及毛利率差异；（2）经销商选取标准及考核管理办法，是否与发行人存在关联关系；（3）报告期经销商变动原因，经销商最终销售的实现情况；（4）部分经销商期末存货金额较大的原因及合理性；（5）销售返利政策及执行情况，会计处理是否符合会计准则规定；（6）未独家经销发行人产品的经销商是否代理其他厂家同类产品或替代性产品。请保荐代表人说明核查依据、过程并发表明确核查意见。

附：公开披露信息

1. 公司经销商数量基本情况

报告期内，与公司发生交易的经销商数量及其变化情况如下：

单位：家数

项目	期初数量	本期新增经销商数量	本期减少经销商数量	期末数数	连续两年合作数量	连续三年合作数量
2017年	1423	678	446	1655	977	552
2016年	982	725	284	1423	698	552
2015年	837	415	270	982	567	552

注1：经销商数量以与公司发生交易的公司主体数量计算，未合并计算同一控制下的企业；

注2：2015年至2017年“连续两年合作数量”分别系2014年和2015年与公司均有交易、2015年和2016年与公司均有交易、2016年和2017年与公司均有交易的经销商数量；

注3：“连续三年合作数量”系2015年至2017年与公司保持合作关系的经销商数量。

2. 公司持续合作、新增、减少经销商数量及销售情况

报告期内，公司持续合作、新增、减少经销商数量及销售收入情况如下：

项　目		2017年	2016年	2015年
连续两年合作经销商	经销商数量（家）	977	698	567
	销售收入（万元）	17,094.62	13,493.93	8959.96
	占当年经销收入比例	82.46%	80.82%	73.96%
	占当年营业收入比例	69.23%	68.05%	58.37%

续表

项　　目		2017 年	2016 年	2015 年
连续三年合作经销商	经销商数量(家)	552	552	552
	销售收入(万元)	12,405.01	11,590.85	9646.29
	占当年经销收入比例	59.84%	69.42%	79.62%
	占当年营业收入比例	50.24%	58.45%	62.84%
新增经销商	经销商数量(家)	678	725	415
	新增收入(万元)	3635.58	3202.38	3155.46
	占当年经销收入比例	17.54%	19.18%	26.04%
	占当年营业收入比例	14.72%	16.15%	20.55%
减少经销商	经销商数量(家)	446	284	270
	对应上年收入(万元)	1764.96	1099.36	1019.58
	占上年经销收入比例	10.57%	9.07%	10.66%
	占上年营业收入比例	8.90%	7.16%	8.47%

注 1：经销商数量以与公司发生交易的公司主体数量计算，未合并计算同一控制下的企业；

注 2：2015 年至 2017 年"连续两年合作的经销商"分别系 2014 年、2015 年与公司均有交易、2015 年和 2016 年与公司均有交易、2016 年和 2017 年与公司均有交易的经销商；

注 3："连续三年合作的经销商"系 2015 年至 2017 年与公司保持合作关系的经销商数量；

注 4：南通爱普科技有限公司为爱普科学长期合作客户，2016 年公司合并爱普科学将其纳入公司客户范围，为提高数据可比性，未将该公司纳入统计范围。

报告期内，公司新增经销商较多的主要原因系：

（1）积极加大市场开发和经销网络建设力度

A. 销售团队的扩充

B. 销售服务的本地化

C. 广告宣传的加强

D. 与知名镇痛药物厂家合作力度的加大

（2）通过非同一控制下企业合并整合销售资源

2016 年非同一控制下合并了爱普科学，并整合了其销售渠道，因收购爱普科学新增的当年发生交易的经销商数量为 252 家，其经销收入为 2214.14 万元。

3. 公司经销商数量减少的主要原因及其分布、销售情况

报告期内，公司经销商数量减少的主要原因及其分布、销售情况如下：

单位：万元

经销商减少原因	2017 年度		2016 年度		2015 年度	
	数量	上年收入	数量	上年收入	数量	上年收入
业务较少或考核因素终止合作	295	556.09	198	414.16	185	351.59
终端客户不变，更换经销商	52	976.38	39	539.78	60	455.22
一次性销售合同	90	63.56	37	27.89	12	20.68
客户业务转型	9	168.92	10	117.53	13	192.10
合计	446	1764.96	284	1099.36	270	1019.58

从减少经销商的数量来看，公司经销商减少的原因主要系因业务量较少或未达公司考核指标等因素而与部分经销商解除协议所致；从减少经销商上年实现的收入来看，公司经销商减少的原因主要系部分终端医院或公司主动更换经销商所致。

4. 公司减少经销商的金额分布情况

报告期内，公司减少经销商的金额分布情况如下：

单位：万元

分布情况	2017 年度		2016 年度		2015 年度	
	数量	上年收入	数量	上年收入	数量	上年收入
100 万元以上	2	226.33	—	—	2	247.52
50 万－100 万元	3	167.45	3	220.94	—	—
10 万－50 万元	34	636.55	22	475.21	22	414.61
5 万－10 万元	41	298.41	17	124.51	15	98.27
5 万元以下	366	436.22	242	278.70	231	259.18
合计	446	1764.96	284	1099.36	270	1019.58

2015 年至 2017 年，公司销售金额 50 万元以上的退出经销商分别为 2 家、3 家、5 家，该等退出经销商上年实现的收入合计分别为 247.52 万元、220.94

万元和 393.78 万元，具体情况如下：

单位：万元

序号	客户名称	2017 年	2016 年	2015 年	2014 年	退出原因
1	宿州市葆源药业有限公司宿州分公司	—	116.84	—	—	终端客户不变，更换经销商
2	南通沃德经贸有限公司	—	109.49	227.99	246.33	客户业务转型
3	南雄市爱朋医疗科技有限公司	—	59.93	104.43	53.43	终端客户不变，更换经销商
4	合肥伟帆科贸有限责任公司	—	56.89	—	—	终端客户不变，更换经销商
5	湖南时代阳光医药健康产业有限公司	—	50.63	28.79	16.14	终端客户不变，更换经销商
6	连云港天佐医疗器械有限公司	—	—	82.11	67.81	终端客户不变，更换经销商
7	KRIPPL - WATCHES Warenhandels GmbH	—	—	77.09	—	客户业务转型
8	揭阳合泰药业有限公司	—	—	61.74	—	终端客户不变，更换经销商
9	湖北贝康商贸有限公司	—	—	—	131.88	终端客户不变，更换经销商
10	上海宝山健业工贸有限公司	—	—	—	115.64	客户业务转型

小兵评析 ▶

很多人可能存在一个误解：IPO 审核过程中，经销模式因为复杂所以不受待见，甚至会有不公平的待遇。小兵认为，对于 IPO 审核来说，经销模式不是红线，更不是什么见不得人不能说的事情，从审核的角度来说，也没有任何特殊之处。只不过，经销商模式必然存在是否最终销售的问题以及是否存在关联方非关联化的问题等，从而在财务核查方面需要关注。最重要的是，因为经销商数量会比较多并且还可能频繁变动，因而核查的工作量和核查难度会非常大。

尽管 IPO 审核中，经销模式的发行人过会的案例一直都存在，但是本案例发行人审核通过还是出乎了很多人的预料。发行人的经销模式有一些比较特殊之处：（1）发行人经销商数量是比较多的，超过 1000 家，每年在 1500 家左右；（2）发行人销售金额 5 万元以下的经销商数量还是很多的，有四五百家，销售金额占比也不低；（3）发行人经销商还存在多级经销商的情形，多数是一个经销商下面两三个经销商，有几个经销商下面有十几个下游经销商。

三、下游客户情况

尽管 IPO 相关规则没有对发行人的下游客户类型、地位以及性质等作出任何硬性规定，不过在 IPO 审核实践中我们都清楚，发行人客户的情况在很大程度上决定了发行人的市场地位、竞争能力、合作稳定性，甚至会影响到对于发行人业绩持续性和真实性的判断。从这个角度来说，客户属性衍生的诸多因素会很大程度上影响发行人 IPO 审核的结果。

小兵对最近几年医疗器械行业的 IPO 发行人做了系统研究，隐隐约约感觉到监管机构对于下游客户医院的轻视，而这个轻视也间接反映出医疗器械企业在市场的竞争地位和格局。一般情况下，国营医院看不起民营医院，三甲医院看不起普通医院，综合医院看不起专业科室，城市的看不起乡镇的，校医院看不起小诊所，小诊所看不起美容院……这里说的哪个医院好或者哪个医院不好并不是从患者看病的角度来说的，而是从发行人向下游客户销售产品来说的。

按照基本的常识，不同的医疗机构对于医药以及医疗器械产品品质自然有着不同的要求。发行人的产品主要销售给卫生院、诊所之类的机构，显然也最直观地反映了发行人的产品品质。换句话说，医院属于哪个档次，直接反映了发行人的行业地位、产品的技术水平、后续回款情况、长期合作情况、是否存在被替代风险、财务核查是否可行有效等因素，进而关注发行人是否具有较强的市场竞争能力以及稳定的持续盈利能力。

案例 6　深圳市贝斯达医疗股份有限公司（未过会）发审会问询问题

报告期内，发行人营业收入逐年增加，销售模式分为直销和经销两种。请发行人代表说明：对民营医疗机构销售占比较高的原因及合理性。请保荐代表人发表核查意见。

小兵评析 ▶

发行人主要是做医疗用的检查设备，比如常见的磁共振、X 光检查、B 超等设备。这些设备对于医院来说是非常重要的，属于比较有技术含量且是医院刚需的设备。从这个角度来讲，发行人的产品和所处行业值得信赖。但现实是，目前三甲医院以及一些重要的公立医院的相关设备基本上都是被外资垄断，发行人的产品主要销售给民营医院以及一些小的诊所。同时，我们还需要关注到发行人生产产品的技术，主要来源于“消化再吸收”或者“集成化原创”，尽管这样的界定比较委婉，不过我们基本上也能知道这意味着什么。因为这个重要因素，监管机构对于发行人还是有一些担忧和质疑，这主要体现在：

1. 发行人研发机构的设置、研发人员的构成以及研发费用的投入情况，关注发行人核心技术研发以及来源情况，是否存在技术纠纷和潜在风险。

2. 发行人产品销售的客户类型和区域分布，应收账款和长期应收款金额和占比持续增加的原因是什么，是否跟下游客户的经营状况有关系。报告期内公司应收款项（应收账款、一年内到期的非流动资产和长期应收款）账面价值分别为 40,450.67 万元、57,500.00 万元、63,405.05 万元和 76,635.72 万元，远远超过发行人当期营业收入的金额。长期应收款主要是由于分期付款形成的。

3. 发行人的市场竞争地位和话语权，产品是否具备核心竞争力，未来市场开拓的空间和可能性，是否存在重大不确定性风险。

4. 发行人主要向一些不知名的客户进行销售，是否存在财务核算、税收缴纳以及资金管理等方面不规范的情形，财务核查是否满足基本的监管要求。发行人每年客户第三方回款的金额超过 4000 万元，占营业收入的比例超过 10%，主要是由于下游客户财务不规范导致的。

四、核心技术

整体上来讲，小兵认为，目前我国医疗器械制造技术在整个市场中处于中等偏下的水平，很多具有自主研发能力的企业，也是从代理业务起家。所谓的研发和生产水平，低端一点的还处于学习模仿阶段，就算是水平比较高的也基本上处于跟随和半替代周期。如果发行人说自己的产品品质和技术水平已经达到国际领先水平，那是需要关注其合理性的。

基于医疗器械行业的现状，在 IPO 审核过程中，核心技术是一个需要重点关注的问题，关注技术问题的核心自然就是技术来源以及是否存在纠纷的情形。关于核心技术的关注要点，主要有以下几个层次：（1）发行人的技术来源，是否与知名企业存在技术纠纷的问题；（2）发行人与国内同行业的企业是否存在一些技术争议甚至产品的纷争；（3）同行业企业人员离职、技术转让、专利诉讼等情形，关注是否存在竞业禁止以及专利诉讼未解决的情形。

案例 7 深圳市贝斯达医疗股份有限公司（未过会）发审会问询问题

根据申请资料，发行人所处的大型医学影像诊断设备行业属于高端医疗器械制造，五名核心技术人员中的四名此前均在另一家同行业公司工作，五名核心技术人员中的部分人员 2016 年税前年薪为 18 万元、16 万元。请发行人代表说明：（1）技术来源是否合法，拥有的技术权属是否清晰，是否存在侵犯第三方技术的潜在风险，研究人员配置以及费用投入是否足以支持相关技术的研发、是否具有合理性；（2）发明专利目前有 2 项，该等发明专利获得情况是否与申请资料中所述发行人的技术优势相符，是否可以支持业务开展；（3）从收入及研发费用配比角度，与同行业上市公司进行分析对比，说明发行人是否具备核心竞争力和未来持续经营能力。请保荐代表人发表核查意见。

小兵评析 ▶

这个问题对于本案例发行人而言，是一个非常重要且敏感的问题。其实，从小兵研究案例的角度来讲，不论发行人是否有先进技术，一般都不会重点关注发行人的技术来源。如果这个问题被关注了，要么是发行人本来没什么技术，吹牛吹过分了，要么就是技术来源存在争议。小兵认为这两个因素，本案例发行人都有。

发行人技术来源存在的潜在风险，可能主要在以下几个方面：

1. 发行人的总工程师、副总工程师以及核心部门经理，也就是五个核心技术人员中，有四个原来同时在另外一家医药器械公司工作，是否存在技术纠纷或者竞业禁止的情形，是否存在潜在的风险。

2. 发行人核心技术人员的工资只有 18 万元，这对于一家主要表达技术优势的企业来说，确实有点说不过去，必然有人质疑发行人是否真正进行了技术的研发。

3. 不只是人员工资，监管机构还关注到发行人的研发投入以及目前拥有的专利技术情况，关注目前的专利技术是否能够支撑发行人整个业务的发展。

4. 发行人所处的行业是一个技术密集型的行业，大的公司每年都会进行大量的研发工作并推出新的产品，发行人在这样一个行业到底如何参与竞争并且能够保持持续竞争力，是需要重点关注的一个问题。

第三章

军工行业 IPO 审核要点

Chapter 3

按照不同行业总结最近三年内 IPO 审核发行情况，我们发现，军工企业已悄然成为一支重要的力量，在上市公司板块中占据了比较重要的份额。单纯从 IPO 审核通过率以及上市成功率的角度来看，不论 IPO 审核节奏和政策如何变化，军工企业都保持很高的通过率，也算是 IPO 的一股清流了。

从 IPO 已经成功的案例可以看出，军工企业不论是从技术含量和市场地位，还是从业绩规模和财务规范程度等方面，都体现出了非常好的“质地”，在 IPO 审核企业中形成了一道亮丽的风景线。从企业经营的角度来说，我们不得不承认，一个民营企业如果能够将产品成功打入军方市场，不管怎样都必须有一定的技术积累和客户开发经验的。

出现军工企业短期内井喷的局面跟军地大背景有直接的关系。很多军工领域的产品逐渐降低“身价”，逐步向民营企业开放，很多具有一定研发基础和技术优势的企业也就是在这样的情况下，抓住机遇与下游客户建立了合作关系，进而实现了高速发展并且 IPO 顺利成功。

军工企业 IPO 上市有着自己独特的一些审核关注要点，这些特殊的情形必然也会要求我们在一些核查手段和问题考量上作出一定的改变，而不能再用传统的思维判断和解决问题。以财务核查为例，IPO 的财务核查已经形成了相对成熟的核查体系和手段，比如实地走访、函证、访谈、凭证抽查等方式。在军工企业的 IPO 核查中，因为保密、客户配合等各种各样的因素，以前我们所熟知和常用的核查手段都可能无法正常使用，造成中介机构对于客户的核查存在很大的局限性。就连我们实践中最普遍常用的实地走访和函证的客户核查手段，可能都不一定能够在军工客户方面使用。

关于军工企业的核查，小兵的基本原则和观点就是：首先应该在允许范围内的核查充分做到位，对于不能采用的核查方式以及不能覆盖的核查范围提供必要的替代措施。当然，军工客户本身也有比较强的信用背书，一般都会认为军工客户不会配合发行人进行业绩造假。

结合 IPO 审核实践中的一些重点问题，我们可以简要总结一下军工企业 IPO 上市体现出的一些非常独特的标志，主要体现在：客户集中、高毛利率、收入确认原则、信息披露、产品单一、知识产权、政策影响等方面。

一、客户集中

军工行业发行人客户一般都会比较集中，很多企业前五大客户的销售占比都超过了 90%，有的企业客户甚至就是某一个体系内的全部企业。这与行业发展初期的特定现状有关系，更重要的是与军方保密或者技术控制等方面的需求有关系。

小兵简单总结了一下部分军工企业的 2018 年前五大客户占比情况（见表 4）：

表 4　部分军工企业 2018 年前五大客户占比

证券代码	证券简称	前五大客户销售收入占比%
300696. SZ	爱乐达	99. 5500
002933. SZ	新兴装备	98. 5700
300775. SZ	三角防务	97. 4400
300474. SZ	景嘉微	95. 6900
000768. SZ	中航飞机	95. 6000
000738. SZ	航发控制	85. 4800
300719. SZ	安达维尔	83. 3400
002935. SZ	天奥电子	73. 0500
300397. SZ	天和防务	69. 1400
300581. SZ	晨曦航空	62. 8000
300762. SZ	上海瀚讯	60. 6200
600764. SH	中国海防	52. 6300

（数据来源：Wind 资讯）

根据目前的 IPO 审核规则，单一客户依赖仍旧是一个关注重点。一般情况下对某一客户销售占比超过 50% 以上，就构成重大客户依赖，不符合基本的 IPO 发行条件。从审核实践来看，军工企业的客户构成和分布显然是符合审核规则规定的例外条款，军工企业的客户高度集中，不会影响 IPO 的审核。

案例 1 爱乐达（代码：300696）发审会问询问题

招股说明书披露，2005 年，由于国际转包业务发展，中航工业承接了空客 A320、波音 B737 等机型的部分转包业务，其将承接的部分零件转包，基于发行人在航空工装加工方面的经验，及公司股东冉光文从事设计工作积累的经验和良好信誉，发行人逐渐承接了部分民机转包业务。报告期内发行人来自第一大客户中航工业下属单位的收入占比分别为 96.02%、97.94%、98.11%。请发行人代表说明：（1）来料加工业务中是否能明确区分属于民机转包业务，中航工业承接空客 A320、波音 B737 等机型的部分转包业务后再转包给发行人，是否不违反空客、波音等公司与中航工业的相关协议约定或合同条款，是否存在法律诉讼风险；（2）发行人目前主要生产模式为来料加工，业务收入几乎全部来自中航工业，如何保证与中航工业之间承接业务的可持续性与稳定性，相关业务运作风险是否已充分披露。请保荐代表人发表核查意见。

小兵评析 ▶

发行人业务基本上承担了空客和波音两大巨头民用飞机的部分零部件的加工业务，当然发行人业务也是从中航工业那里转包过来的，直接客户并非就是波音和空客。公司来源于中航工业下属单位的收入占比分别为 96.02%、97.94% 和 98.11%，报告期内这个问题不仅没有解决而且还有进一步依赖的趋势。根据发行人的描述，发行人以后会逐渐淘汰原来做的毛利率低的业务，专心开展现在的民机国际转包业务。

为什么发行人的单一客户依赖如此严重，还可以顺利通过 IPO 的审核呢？有以下几个因素是可以考虑的：（1）发行人尽管对单一客户销售比较多，但是这个客户毕竟是一个大的军工集团，下面还有很多独立单位，只是由于保密原因没有披露具体情况；（2）发行人尽管是对单一客户依赖，不过这个客户的业务也是来源于两大航空器生产企业，民用飞机市场决定了客户依赖这样的一个商业合作的事实；（3）从发行人披露的行业政策来看，这种分包业务是鼓励民营企业积极加入的，那么，IPO 也需要顺应国家政策支持这样的民营企业；（4）报告期内，发行人的净利润水平在创业板企业中还算是比较高的。

案例 2　新兴装备（代码：002933）发审会问询问题

报告期内，发行人第一大客户为中航工业及其下属企业，第一大客户销售占比较高。请发行人代表说明：（1）客户集中度高的原因和合理性；（2）发行人是否对中航工业构成重大依赖，是否对中航工业体系内单一主体客户构成重大依赖，是否存在影响发行人持续盈利能力的重大不利情形。请保荐代表人说明核查过程、依据及核查结论。

小兵评析 ▶

发行人的收入来源主要是跟直升机相关的挂架随动系统和炮塔随动系统等少数产品，因为国内直升机业务本身就高度集中，因而发行人客户集中也就有了行业合理性。公司前五名客户销售收入合计占营业收入比例分别为 100.00%、99.37%和 96.23%，其中第一大客户中航工业及其下属企业的销售收入在营业收入中的占比分别为 98.49%、81.77%和 66.77%。可以明显看出，发行人报告期第一年基本上就是靠着中航工业一个客户在开展业务的，这也是军工企业最典型的特征。

二、高毛利率

军工企业的毛利率一般都会比较高，基本上保持在 40% 以上，有的甚至高达 80% 以上，这在制造行业显然是有点不可思议。小兵简单总结了一下部分军工企业 2018 年的毛利率水平（见表 5）：

表 5　部分军工企业 2018 年毛利率

证券代码	证券简称	销售毛利率%
300474. SZ	景嘉微	76. 0740
300762. SZ	上海瀚讯	71. 5814
002933. SZ	新兴装备	70. 8686
300696. SZ	爱乐达	62. 4944
300719. SZ	安达维尔	49. 7522
600764. SH	中国海防	48. 9298
300600. SZ	瑞特股份	48. 7095
002829. SZ	星网宇达	47. 8415
300101. SZ	振芯科技	47. 2009
300722. SZ	新余国科	46. 5273
300775. SZ	三角防务	44. 6616
002413. SZ	雷科防务	43. 4581
300581. SZ	晨曦航空	42. 8173
002023. SZ	海特高新	40. 6545
300456. SZ	耐威科技	40. 4867

（数据来源：Wind 资讯）

为什么军工企业可以实现如此高的毛利率，这与军工领域参与的民营企业数量不多、市场还处于相对垄断的状态有直接的关系。

在 IPO 的审核中，毛利率的问题是一定要解释的，尤其是对于毛利率奇高的发行人，需要对毛利率的合理性和真实性作出详细说明。如果发行人军品毛利率大大高于民品，在军品和民品产品性质和品质差异不是很大的情况下，确实需要做好准备解释毛利率问题。当然，军品销售的特殊情况导致毛利率普遍很高，这个基本上监管机构也可以认可。

在解释毛利率问题时，军工企业还会遇到一个问题，就是可比上市公司缺乏的问题。由于军工企业最近几年才起步且 A 股上市公司有限，并且军工分类很细致，导致很多时候很难找到跟发行人业务一致的可比公司。在这种情况下，如果扩大范围找类似行业的非军工企业进行对比，那么毛利率差异可能非常大，因而在解释毛利率的时候只能重点强调军工企业产品以及业务模式的特殊性。好在，监管机构对军工企业的特殊性也有一些认识，不会过多纠结。

案例 3 元六鸿远（代码：603267）发审会问询问题

报告期内，发行人自产业务收入基本以军品为主，毛利率保持在 80% 左右。请发行人代表说明：（1）结合军品业务的特点、产品竞争优势、与主要客户的合作历史等，说明获取军品订单的主要途径和方式、定价的原则、依据和议价能力，自产业务保持高毛利率的合理性与可持续性，未来是否存在军工客户要求大幅降价的风险；（2）说明主要客户同一配套军品是否会选择两家以上供应商，发行人的竞争优势及被替代风险、军品业务的稳定性与可持续性。请保荐代表人说明核查依据、过程，并发表明确核查意见。

小兵评析 ▶

这个问询问题的思路很明显，就是要求发行人结合军品业务的特点、产品的竞争优势以及客户合作的模式等方面，来解释发行人可以实现 80% 以上毛利率的原因以及合理性。因为可比公司缺乏的原因，在解释毛利率的时候，只能是更多地强调发行人本身的特殊性，这一点是我们在承做军工类项目的时候需要重点关注和强调的一个问题。

三、收入确认原则

如果说客户集中和毛利率高还不算军工企业独有的，其他行业的企业也偶尔存在的话，那么，军工行业的收入确认原则目前来看应该是军工企业发行人所独有的。收入确认的基本原则和具体会计处理，是 IPO 审核的重中之重，而军工企业收入确认又具有明显的差异性，因而需要格外关注。

军工行业收入确认具有特殊性，一般先暂估价格确认收入，后续核定价格之后多退少补。由于军方在价格审批等方面有着特殊的流程，在发行人将产品交付客户使用并已经满足收入确认条件的情况下，产品销售价格却是不确定的，这种情况下就只能根据历史销售价格进行估算，以确定收入确认的金额。从目前来看，这样的会计处理方式已经被普遍使用并得到认可。由于军方的一些要求，发行人可能会存在寄售模式，也就是先将产品发送到客户指定的仓库，但是不确认收入，等客户领用产品并确认之后才确认收入。

从目前的审核实践来看，能够接受暂估价格确认收入的也只有军工企业，其他行业的企业还没有成功的先例。其实，单纯从规则的角度来考量，这种收入确认的方式是存在一定的隐忧和风险的，只是考虑到我国军工企业交易和核算的现实，使用了目前算是相对合理的一种方式而已。换句话说，这样的方式并不是完全合规的，可是在更好的方案出现之前，暂时也只能被动接受这样的处理方式。

案例4 新兴装备（代码：002933）发审会问询问题

请发行人代表说明：（1）报告期内军方审价、补价的具体情况，结合配比原则、权责发生制及重要性水平等情况，说明相关会计处理是否符合企业会计准则的规定；（2）未约定结算日期或信用周期的原因，是否符合行业特征，发行人如何保障销售回款的安全性和及时性；（3）客户对存放在其仓库中但是所有权属于发行人的存货的管理方法、盘点方法，发行人的盘点及替代性程序是否符合企业会计准则和行业惯例，报告期内是否出现过由于客户仓库保管不当或者其他原因造成发出商品毁损、灭失，并对发行人带来损失的情况；（4）发出商品是否存在减值风险，存货跌价准备计提是否充分。请保荐代表人说明核查过程、依据及核查结论。

附：公开信息披露

按暂定价确认收入、差价当期确认的会计政策具体分析说明：

1. 收入确认会计政策具体操作方式

发行人主要的收入来源是军品销售，发行人将取得采购方验收证明作为收入确认的时点。针对军方已批价的产品，在符合收入确认条件时，按照审定价确认销售收入；针对尚未批价的产品，符合收入确认条件时按照暂定价格确认收入，同时结转成本，在收到军方批价文件后按差价收入确认在批价当期。

发行人销售商品的收入会计政策体现了军品特殊的收入确认方式，具体操作方式如下：

（1）按照暂定价确认收入

在军方审价未批复之前，针对尚未审价完毕的产品，供销双方协商确定“暂定价格”，并以该暂定价格进行结算，即在价格审定前，发行人以此为依据确认当期销售收入和应收账款，同时结转成本，并以此价格进行资金结算。

（2）确认补价总金额并于当期确认收入

待军方审价完成后，发行人与客户按照审定价格，根据已销售产品数量、暂定价与审定价差异情况确定补价总金额，发行人取得了收取补价款的权利，将补价总金额确认为当期销售收入。

2. 收入会计政策制定依据及合理性

（1）按暂定价确认收入主要受军品特殊的定价机制影响

根据1996年国家计划委员会、财政部、总参谋部、国防科工委发布的《军品价格管理办法》，军方建立了现行的武器装备采购体制。根据我国军方现行武器装备采购体制，只有通过军方设计定型批准的产品才可实现向军方销售。订货价格由军方根据《军品价格管理办法》规定的审价机制确定。

根据《军品价格管理办法》的规定，国家对军品价格实行统一管理、国家定价。国内军方审价的一般流程为：生产单位编制并向国内军方提交定价成本等报价资料；国内军方组织审价、批复审定的价格并抄送军方订货部门。

军品定价机制的特殊性使审价批复周期较长，进而导致部分产品交付较长时间才能取得正式的审价批复，在审价批复下发之前，供销双方按照协商确定的暂定价确认收入并进行结算，此种方式能有效保护供货方的利益、保障军品的及时供应。

（2）补价金额确认当期符合业务实质

实际操作过程中，由于军方对军品的价格审核周期较长，针对尚未完成审价的产品，供销双方在合同中按双方协商的价格约定“暂定价格”进行结算，确认销售收入和应收账款。审价批复下发后，供销双方根据已销售产品数量、暂定价与审定价差异情况确定补价总金额，此时发行人取得了收取补价款的权利，并将补价总金额确认为当期销售收入。

补价总金额的确定及收取补价款的权利均系依据最终的审价批复，在审价批复下发前补价款无法提前预计，审价后将补价款计入审价当期符合发行人业务实质。

（3）符合《企业会计准则》的规定

根据《企业会计准则》的规定，销售产品的收入确认原则如下：第一，企业已将商品所有权上的主要风险和报酬转移给购货方；第二，企业既没有保留通常与所有权相联系的继续管理权，也没有对已售出的商品实施有效控制；第三，收入的金额能够可靠地计量；第四，相关的经济利益很可能流入企业；

第五，相关的已发生或将发生的成本能够可靠地计量。

审价批复前，销售合同中约定的“暂定价”是具体的金额，能够可靠计量；签署的销售合同具有法律效力，当满足产品交付验收等合同约定条款后，相关的经济利益就很可能流入企业，并且从历年的结算情况来看，签署暂定价的合同最终也按照暂定价格进行了结算，不存在经济利益无法流入的情形。待军方审价完成后，供销双方根据已销售产品数量、暂定价与审定价差异情况确定补价总金额，补价总金额能够可靠计量，经济利益很可能流入企业，公司将该补价总金额确认为当期销售收入。

综上所述，在审价批复前按照暂定价确认收入、审价批复后在当期确认补价总金额符合《企业会计准则》的规定。

（4）符合军工行业惯例

经查阅军工行业与之相关的收入确认政策，发行人采用的上述收入确认政策在行业内被普遍采用。

从同行业上市公司来看，经营军品业务的安达维尔、晨曦航空等也采用类似的会计政策。第一，安达维尔（300719.SZ）披露的《招股说明书》：在实际操作中，供销双方在合同中根据以往同类产品的平均价格约定“暂定价格”，并以该暂定价格办理结算，待军方审价完成后，公司取得了收取补差价款的权利，将该总补价金额确认为当期主营业务收入；第二，晨曦航空（300581.SZ）披露的《招股说明书》：对于本公司在确认销售收入时，针对军方已批价的产品，在符合上述收入确认条件时，按照军方批价确认销售收入，针对尚未批价的产品，符合上述收入确认条件时按照合同暂定价格确认收入，在收到军方批价文件后进行调整。

小兵评析 ▶

这个案例把军工企业这种特殊的收入确认方式说得非常具体、清楚，可以作为我们研究这类问题重要的参考。尽管这样的收入确认方式目前只能作为军工企业唯一应用的特殊情形存在，但也应该符合相关规则规定，案例中也对这样的收入确认符合会计准则相关规定做了详细解释。

此外，案例在解释这个问题的时候，还充分使用了已经成功发行的 IPO 案例作为依据。尽管我国不是判例法国家，成功案例在 IPO 审核过程中还是有很大的参考价值，甚至可以直接作为参考依据。

案例 5　广哈通信（代码：300711）发审会问询问题

报告期内，发行人军品销售收入占比较高。申报材料显示，军品的销售价格以审定价为准，在审价完成前，发行人先按与客户的合同约定的暂定价确认收入，待审价完成后，再将相关差价计入后续新签合同。发行人按前述方法将 2013 年度由于审定价与销售合同价格的差异形成的收入差额 2547.16 万元计入 2014 年度，发行人 2014 年度的净利润因此由 2505.01 万元增加至 4670.10 万元（招股说明书披露数）。请发行人代表说明：其收入确认是否满足企业会计准则“收入的金额能够可靠地计量”的要求。请保荐代表人就发行人财务报表的编制是否符合企业会计准则的要求发表核查意见。

小兵评析 ▶

本案例发行人收入确认的具体情况为：发行人与军品客户签署产品销售合同，合同里约定了价格。但是军品销售需要走一个很长的流程去审定价格是否合理（以下简称审价），在价格审定之前可能产品已经交付使用甚至已经验收了。这时候，产品销售已经完全符合收入确认的条件，而产品销售价格却不是最终确定的。这种情况下，发行人一般按照销售合同约定（也就是未审价）的价格进行收入确认，如果价格审定之后，差额部分也不对原合同进行调整，而是将差额约定在新的销售合同里。也就是说，如果审定价格比原来合同约定价格高了 200 万元，后续合作新的一份销售合同是 2000 万元，那么就会直接签订为 2200 万元。

如果合同价格和审定价格差额不大的话，不会对发行人业绩产生大的影响。如果这个差额很大的话，则很可能导致发行人业绩大幅波动，甚至会存在发行人财务数据失真的情形，还有可能存在发行人通过这种方式来调节业绩的情形。因而本案例中，监管机构对这个问题还是做了重点的关注，发行人也做了详细的解释，并且对涉及差额的合同全部做了详细的列示来解释这个问题。关于这种将异常的合同条款全部打开详细分析差异的思路，值得我们在某些问题上参考使用，确实能够解决很多问题。当然，前提是这些合同经得起推敲，不仅打得开并且能说得清楚。

最后，还有一点值得注意，那就是审价的定价方式不仅对发行人业绩会有很大影响，对发行人毛利率也有直接的影响。这个也很好理解，毕竟将差额计入新的合同，对于新合同来说，差额这部分是只有收入没有成本的，会直接提高发行人新合同的毛利率水平。

案例 6 晨曦航空（代码：300581）发审会问询问题

根据招股说明书披露，发行人部分销售在取得军方批价前，按照合同暂定价格确认收入，而公司提供的部分合同中，对价格没有明确约定，请发行人代表说明：合同暂定价是否均在合同中有约定或明示，暂定价和实际批价的差异情况。发行人假设在获得批价后确认收入，未获取批价的暂不确认销售收入提供了模拟调整后的收入、成本数据与申报数据相比，调减及推迟确认营业收入 22,418.48 万元、营业成本 12,021.61 万元、利润总额 10,396.87 万元。

请发行人代表说明：(1) 调整数据的毛利率较低，使得模拟报表的毛利率持续高于申报报表毛利率，调整数毛利率和申报数毛利率差异较大的原因；(2) 2015 年度的模拟报表与申报报表相比，收入减少了 865.97 万元，而成本增加 216.12 万元，收入和成本反向变动的原因。请保荐代表人说明对上述问题的核查过程及其核查结论。

小兵评析 ▶

本案例中有一个比较特殊的会计处理：由于军工产品最后的销售价格需要批价，那么发行人在批价之前，符合收入确认条件的时候需根据暂定价格进行确认，等批价之后再进行调整。为了更好地说明问题，发行人将按照暂定价格和按照审批价格两种收入确认方式做了模拟测算，关注差异金额以及是否影响到发行条件。

小兵认为，这样的会计处理是符合企业实际以及会计准则的，企业销售产品符合收入确认条件就应该确认收入，但是这里的难点在于：暂定价格如何确定，如何保证暂定价格跟最后的批价差异在合理的范围内。可能有人认为，以最后审批价格作为确认收入的依据是不是更加稳健。理论上是这样的，但是这并不符合企业实际生产经营情况，也会导致在一定程度上财务信息的失真。

四、信息披露

因为国防科工委的保密规定，军工企业在信息披露方面都会有豁免的要求，保密级别越高，自然豁免的也会越多，如果信息豁免披露太多，可能又会涉及投资者对信息判断的问题。因而，从目前审核的实践来看，IPO 上市的军工企业绝大部分都是三级保密企业，偶尔会有二级的，而一级的就基本上不符合 IPO 的信息披露规则了。

关于军工企业保密资质，这里简单给大家科普一下。《武器装备科研生产单位保密资格审查认证管理办法》（国保发〔2008〕8 号）规定，拟承担武器装备科研生产任务的具有法人资格的企事业单位，均需经过保密资格认证，获得保密资格后，方可承担武器装备科研生产单位保密资格审查认证委员会发布的《武器装备科研生产单位保密资格名录》。武器装备科研生产单位保密资格分为一级、二级、三级三个等级：一级保密资格单位具备承担绝密级项目科研生产任务的资格；二级保密资格单位具备承担机密级项目科研生产任务的资格；三级保密资格单位具备承担秘密级项目科研生产任务的资格。

另外，需要注意的是，参与军工企业项目的机构和项目组成员都需要具备军工保密资质，这个资质是国防科工委规定的，保密资质也是科工委颁发的。值得说明的是，律师事务所的分所是可以申请保密资质的。

案例7 新余国科（代码：300722）反馈意见

发行人部分产品涉及军工行业。请发行人根据《中华人民共和国保守国家秘密法》（以下简称《保密法》）、《军工企业对外融资特殊财务信息披露管理暂行办法》等法律法规的相关规定，说明其产品、技术、主要客户供应商、应收应付款对象、重大合同等是否涉及信息披露豁免或脱密处理，如是，发行人应在依法履行保密义务的前提下，对照《公开发行证券的公司信息披露内容与格式准则第28号——创业板公司招股说明书》（以下简称《格式准则28号》）及其他信息披露相关文件，逐一说明招股说明书各章节发行人应披露但作豁免披露或脱密处理的信息，上述未完整披露的信息是否已得到国防科工局的批复，并请出具专项说明。请发行人及本次发行上市的中介机构落实如下事项：

1. 请发行人区分军品、民品客户补充披露报告期内主要客户，补充披露报告期内的供应商情况。如涉及保密事项，请发行人向我会提交关于信息披露豁免和脱密的申请，说明客户、供应商及其他申请豁免和脱密披露事项及原因，同时在申请文件中说明有权主管部门对其申报文件披露信息涉密情况的确认意见，豁免或脱密处理披露信息对投资者价值判断的影响。

2. 请发行人董事、监事、高级管理人员对发行人申报文件不存在泄露国家秘密的风险，发行人已经并能够持续履行保密义务出具确认声明并披露。

3. 请发行人提供有权主管部门对发行上市脱密后的申报文件信息披露不涉及泄露国家秘密情形出具的确认意见。

4. 请发行人提供控股股东、实际控制人对其已履行和能够持续履行相关保密义务的承诺文件。

5. 请发行人提供主要客户、供应商等对发行人招股说明书及其他申报文件内容属实，不涉及泄露国家秘密情形出具的确认声明。

6. 请保荐机构、发行人律师对发行人相关信息的脱密处理程序及其经过脱密处理后披露信息合法合规，不存在泄露国家秘密的风险出具专项核查意见并披露。

7. 请保荐机构对照《格式准则第28号》说明，发行人豁免披露信息不构成投资者价值判断实质性障碍的理由，并在成长性专项意见中予以说明。

8. 请保荐机构对发行人上市后持续信息披露遵守国家保密有关法律法规进行持续督导。

9. 请申报会计师对发行人信息披露豁免不影响会计师对发行人财务报表的审计，发行人关于军品的信息披露豁免不影响获取审计证据，审计范围未受到限制，申报财务报表在所有重大方面公允反映了发行人财务状况和经营成果，出具专项核查意见并披露。

10. 请发行人说明公司内部保密制度的制定和执行情况，是否符合《保密法》等相关法律法规的规定，是否存在因违反保密规定受到处罚的情形。

11. 请中介机构说明是否根据国防科工局的《军工涉密业务咨询服务安全保密监督管理办法》取得军工企业服务资质。

小兵评析 ▶

军工企业关于信息披露的问题，需要在信息保密以及脱密、公开披露以及保密要求、信息豁免以及投资价值判断等多个角度和层次作出取舍和权衡，这也是军工企业项目在承做方面需要作出更多努力的一个方面。从发行人的角度来说，自然是希望说得越少越好，就算不是军工企业也会是这样的态度，只是军工企业给了更充足的理由。但是对监管机构以及中介机构来说，说得越少或者看到得越少，尽调就越不到位，风险揭示也就越不充分，那么项目就会存在很大的不确定性。这里我们选取了一个很经典案例的反馈意见与大家分享，主要是提示大家在军工企业信息披露方面该如何把握一个度。

案例8 爱乐达（代码：300696）豁免披露军工保密信息

公司主要从事军用飞机和民用客机航空零部件的精密加工业务，根据国家国防科技工业局有关文件规定，公司与军工单位之间的有关交易信息等内容属于国家保密事项。根据该规定，并经国家国防科技工业局《国防科工局关于成都爱乐达航空制造股份有限公司上市特殊信息豁免披露有关事项的批复》（科工财审〔2016〕527号）批文批准，对相关信息予以豁免披露，上述信息豁免披露可能影响投资者全面、完整地了解公司情况。

小兵评析 ▶

发行人是三级军工保密资质企业，算是保密级别比较低的军工保密企业。在这个案例中，我们也可以看到一些保密信息披露豁免的影子，比如：中航工业下属单位不能披露基本情况；发行人业务收入占比是按照原材料披露的而不是根据具体产品，如果根据具体产品可能会换算出产品的不同数量配比，可能涉及商业机密等。

五、产品单一

在 A 股上市的发行人中，有很多企业只生产和销售一种产品，营业收入全部来自一种产品。这种情况尽管会存在一定的经营风险，但是又与企业的发展周期和市场竞争力是相适应的，只要能充分披露提示风险，不会构成 IPO 审核的实质性障碍。

关于产品单一的问题，其实不分行业不论企业类型，都是普遍存在的，只是军工类企业这个特点可能会更加明显一些。毕竟，军工企业对产品的品质、交货期、售后服务等各方面有着更高的要求，加上军工企业最近几年才正式进入成长期，单一产品更有利于发挥企业优势，巩固市场地位，稳定持续盈利能力。换个角度想，如果企业单一产品的市场容量足够大、未来前景足够好，为什么要多元化发展?

小兵简单总结了一下部分军工企业 2018 年的主营业务构成情况（见表 6）：

表 6　部分军工企业 2018 年的主营业务构成

证券代码	证券简称	主营收入构成
000738. SZ	航发控制	制造业：100%
000768. SZ	中航飞机	航空工业产品：97. 59%；其他行业：2. 96%；建材工业产品：0. 67%；运输设备工业：0. 03%；内部抵销：－1. 24%
002190. SZ	＊ST 集成	制造业：100%
002413. SZ	雷科防务	通信和其他电子设备制造业：99. 48%
002933. SZ	新兴装备	铁路、船舶、航空航天和其他运输设备制造业：100%
002935. SZ	天奥电子	计算机、通信和其他电子设备制造业：100%
300034. SZ	钢研高纳	有色金属延压：99. 16%

续表

证券代码	证券简称	主营收入构成
300159. SZ	新研股份	专用设备制造（航空航天飞行器零部件）：78. 43%；专用设备制造（农牧及农副产品加工机械）：21. 57%
300424. SZ	航新科技	航空制造及服务：98. 98%；其他行业：1. 02%
300474. SZ	景嘉微	计算机、通信和其他电子设备制造业：100%
300581. SZ	晨曦航空	航空机电产品：88. 1%；专业技术服务（行业）：10. 87%
300589. SZ	江龙船艇	船艇销售：96. 43%
300600. SZ	瑞特股份	船舶配套设备制造：100%
300696. SZ	爱乐达	航空零部件制造：100%
300719. SZ	安达维尔	航空设备制造及服务：100%
300722. SZ	新余国科	其他制造业：96. 4%
600038. SH	中直股份	航空制造业：97. 95%；其他行业：0. 61%
600072. SH	中船科技	工程勘察设计：96%；制造业（行业）：3. 39%
600118. SH	中国卫星	小卫星制造及其应用：99. 38%
600150. SH	中国船舶	工业：97. 79%
600184. SH	光电股份	工业：98. 84%
600316. SH	洪都航空	飞机制造：82. 4%；机械加工及装配制造：8. 96%；技术协作及通航服务：4. 36%
600372. SH	中航电子	飞机制造业（航电）：80. 96%
600391. SH	航发科技	制造业：98. 79%
600435. SH	北方导航	制造业：97. 62%
600562. SH	国睿科技	工业：99. 94%
600760. SH	中航沈飞	航空制造业：98. 3%；其他（行业）：0. 71%
600764. SH	中国海防	工业：95. 03%；服务业：1. 86%
600893. SH	航发动力	制造业：95. 77%；常用有色金属压延加工及装饰业：1. 63%；服务业：1. 1%

续表

证券代码	证券简称	主营收入构成
600967. SH	内蒙一机	装备制造业：100%
601606. SH	长城军工	军品（行业）：66. 37%；民品（行业）：29. 95%
601890. SH	亚星锚链	船舶行业：76. 08%；海洋工程：20. 21%
601989. SH	中国重工	工业：98. 5%

（数据来源：Wind 资讯）

案例 9　江西国科军工集团股份有限公司（暂未上会）反馈意见

根据招股说明，发行人弹药及其配套产品占主营业务收入历年 94% 以上；报告期内发行人弹药配套、其他军品类产品毛利率均持续上升，弹药类产品毛利率下跌；报告期内发行人毛利率持续较高于同行业水平。

请发行人补充说明：

补充报告期内发行人同行业上市公司的对比论证说明，包括基本情况、选取原因、依据及合理性、主要财务数据、主营业务及收入情况、主要产品及贡献当期收入情况；结合报告期内发行人与同行业上市公司、非上市公司的生产规模、销售规模、销售价格、原材料价格、主要客户资质、资金状况，以及境内外需求波动情况，说明发行人是否存在产品过于单一的风险，论证发行人核心竞争力、产品的市场竞争力及所处的市场地位情况。

小兵评析 ▶

关于产品单一的命题，我们首先要明确这里说的产品是指某一具体品类的产品（不一定是一个型号），当然也不能是一个大类的产品。比如，我们所说的产品单一，可能就是发行人只是做果汁饮料的（不一定就是苹果汁），但是碳酸饮料也不属于这个范畴。

放在整个商业逻辑的范畴来看，产品单一就跟毛利率高或者存货周转率低一样，是一个伪命题。产品单一尽管理论上存在一定的经营风险，不过实践中有着很合理的逻辑，一般并不构成 IPO 的实质性障碍。发行人聚焦于一个产品，说明这个产品是一片蓝海，反之则说明发行人存在很大的经营风险。比如：发行人业务种类很多且报告期内变化很大，这给人的感觉更像是打一枪换一个地方，哪里有钱就去哪里做业务，没有业务重点也没有稳定的预期。

六、知识产权

前面我们多次提到，军工企业参与市场竞争要靠一定的技术水平，不然根本就无法满足客户对产品的要求。此外，我们前面也提到军工企业的产品都比较单一，那么产品对于某一个或者某一类的技术专利也是唯一对应且依赖的。在这种情况下，发行人的专利技术是否合法合规直接影响到发行人的生产经营，以及后续的持续盈利能力。

另外一个不可忽略的因素是，军工企业有一定数量的企业是原来体制内从业人员出来创立的，关于产权的纠纷也就更加值得关注。如果存在体制内人员再创业以及对应的知识产权受让转移的问题，那么，企业可能会存在一些技术产权的纠纷以及在市场竞争力方面的独立性问题，再严重一点甚至可能存在合法合规的红线问题。

案例 10　上海瀚讯（代码：300762）发审会问询问题

请发行人代表说明：（1）发行人核心技术的来源及形成、发展过程；发行人相关技术权利中是否涉及微系统所、中科院南研等单位拥有的技术成果，发行人是否存在对微系统所的技术依赖；（2）微系统所目前在军方是否仍作为发行人现有产品或未来研发产品的总体技术单位或定型单位，发行人是否作为微系统所的产业化主体而存在，发行人在业务运营上是否仍会继续和微系统所发生联系，结合人员、核心技术研发、业务的获取等方面，进一步论证说明发行人是否真实独立于微系统所。请保荐代表人说明核查过程、依据并发表明确核查意见。

附：公开披露信息

截至 2017 年 12 月 31 日，发行人拥有 32 项专利，其中 9 项专利为发行人与微系统所、中科院南研、南京远达共同所有，该等专利为公司与微系统所等其他机构共同参与上海市科学技术委员会科研计划项目“世博科技专项”《支持高速移动的多载波传感网传输技术研究》、上海市信息化专项资金项目《新一代宽带无线接入系统的开发及产业化》、国家高技术研究发展计划（863 计划）课题任务《无线宽带快速组网关键技术及系统》、中国科学院院地合作项目《智能电网输电线路监控关键技术应用示范》及上海市战略性新兴产业重点项目《智能电网宽带无线通信系统研发与应用示范》等项目。

在上述项目过程中，发行人作为科研项目参与单位，参与了相关的专利申报。微系统所、中科院南研及南京远达就该事项分别出具了《关于共有专利的补充说明》，明确该等专利为参研单位共同所有，专利共同所有人无偿使用，且不得许可除专利共同所有人以外的第三方使用，该等专利不存在纠纷或潜在法律风险。

小兵评析 ▶

发行人的创始人和核心管理团队原来都是在体制内单位工作的。这种原来在体制内工作，后来出来单干创业的 IPO 审核案例还是有一些的，有成功的也有失败的。成功的案例说明这样做是政策允许的，失败的案例也说明这样做监管机构认可的条件是很高的。毕竟，这种模式下设立的企业会存在很多天然的独特的瑕疵和关注点，如人员独立性、业务独立性、技术产权归属以及可能还存在各种纠纷等。

发行人董事长在担任公职的时候就出来创业，目前还在微系统所任职。发行人的高管以及主要核心技术人员主要来自微系统所，并且目前还有五位仍旧在微系统所任职，如何保证这些核心人员在发行人这里勤勉尽责，是值得关注的。以前有案例是按照停薪留职的方式处理的，发行人显然还不是这种思路。发行人有 9 个核心专利是跟微系统所共有产权的，并且有些技术还存在委托开发的情况，这是否会构成发行人后续经营的一个隐患，是值得关注的。

从发行人一些具体的情况来说，有些情形是可以理解的，有些是突破了目前的理解和规则的，甚至会影响到发行人独立性的问题，从而不符合发行条件。从问询意见来看，监管机构关注到一点：发行人是不是本质上是微系统所产业化的一个主体，说白了就不是独立的法人主体而是微系统所的一个附属企业。

案例 11 星网宇达（代码：002829）发审会问询问题

请发行人代表说明：(1) 报告期各期发行人涉及宣告无效专利和诉讼专利的产品及其销售收入、净利润金额及其占比情况；(2) 发行人拥有的相关专利、商标、著作权的有效期限、截至目前的法律状态；(3) 除两起专利无效宣告请求案件和一起专利诉讼案件外，是否还存在其他注销、终止、被第三方提起异议或无效宣告等异常情况，是否存在其他知识产权争议或纠纷；(4) 相关专利诉讼案件的最新进展情况和发行人拟采取的相应措施，对发行人在用的商标、专利、专有技术等重要资产或技术的取得或者使用是否存在重大不利变化的风险，是否会对发行人的业绩和持续经营产生实质性影响；(5) 相关信息和风险是否充分、准确披露。请保荐代表人发表核查意见。

附：公开披露信息

1. 专利诉讼风险

2015 年 3 月 18 日，王恩惠向北京知识产权法院递交了民事起诉状，称星网宇达未经其许可，以生产经营为目的，制造、使用、许诺销售及销售型号为

XW－ETS2231的车载移动设备及相关系统，侵犯了其名称为“基于GPS的驾驶考试系统”的发明专利权（专利号为ZL201110382103.5，以下简称涉案专利），请求北京知识产权法院判令星网宇达停止制造、使用、许诺销售和销售涉诉侵权产品，赔偿因侵权行为对其造成的经济损失1000万元，赔偿其因制止侵权行为支出的合理费用共计50万元。

2015年3月26日，北京知识产权法院向发行人出具了《北京知识产权法院民事应诉通知书》及《北京知识产权法院限期举证通知书》，根据上述文件，北京知识产权法院已受理王恩惠诉发行人专利侵权一案，并要求发行人于2015年4月26日前提交相关证据材料。

涉案专利基本情况如下：王恩惠于2011年11月25日向国家知识产权局提出涉案专利的申请；2014年7月30日，国家知识产权局就该涉案专利向王恩惠颁发专利号为ZL201110382103.5的发明专利证书并进行授权公告。

2015年4月14日，发行人针对涉案专利向国家知识产权局专利复审委员会（以下简称专利复审委）提出无效宣告请求并提交了相关证据，认为涉案专利不具备《专利法》第22条规定的新颖性、创造性。

2015年9月16日，专利复审委出具了《无效宣告请求审查决定书》（第26998号），认为涉案专利的全部6项权利要求均不具备创造性，据此宣告涉案专利全部无效。

2015年9月24日，基于上述审查决定，发行人针对王恩惠专利号为ZL201120478614.2的“基于GPS的驾驶考试系统”实用新型专利向国家知识产权局专利复审委员会提出无效宣告请求，国家知识产权局专利复审委员会受理了该请求，并出具了《无效宣告请求口头审理通知书》（2016012601369900），将对发行人的请求进行口头审理。

2015年11月20日，北京知识产权法院出具了《民事裁定书》［（2015）京知民初字第514号］，驳回原告王恩惠的起诉。

2015年12月15日，王恩惠向北京知识产权法院递交了行政起诉状，请求撤销国家知识产权局专利复审委员会作出的无效宣告请求审查决定（第26998

号）。星网宇达作为第三人参与诉讼。2015 年 12 月 24 日，该诉讼被北京知识产权法院受理。

上述涉案专利已被国家知识产权局专利复审委员会出具的《无效宣告请求审查决定书》（第 26998 号）宣告完全无效，王恩惠诉发行人专利侵权诉讼现已审理终结，因其据以主张权利的涉案专利已被专利复审委员会宣告全部无效，缺少基于涉案专利请求人民法院给予司法保护的权利基础，北京知识产权法院作出了驳回王恩惠起诉的裁定。但根据《中华人民共和国专利法》的相关规定，原告如不服决定的，可于收到决定书之日起三个月内向北京知识产权法院提起行政诉讼。2015 年 12 月 15 日，原告在法定期间内提起行政诉讼，该诉讼已于 2015 年 12 月 24 日被北京知识产权法院受理，《无效宣告请求审查决定书》（第 26998 号）客观上存在被法院撤销的可能性，如该决定被撤销，则法院将继续审查发行人目前的生产、销售是否侵犯了涉案专利所保护的权利范围，如发行人被认定存在侵权行为，将对发行人未来经营业绩造成一定的负面影响。

2. 专利被第三方请求宣告无效

（1）经核查，第三人对发行人两项专利提出了专利无效宣告请求，相关复审程序已经完成并由国家知识产权局专利复审委员会出具了《无效宣告请求审查决定书》，具体情况如下：

①2015 年 6 月 19 日，谢秀琴针对发行人专利号为 ZL201020693012.4 的“一种长基线双导航卫星接收天线定位定向装置”实用新型专利向国家知识产权局专利复审委员会提出无效宣告请求，2015 年 7 月 9 日，国家知识产权局专利复审委员会出具了《无效宣告请求受理通知书》（2015070600875300），对其提出的无效宣告请求准予受理。2015 年 12 月 30 日，国家知识产权局专利复审委员会出具了《无效宣告请求审查决定书》（第 27894 号），决定维持 ZL201020693012.4 号实用新型专利权有效。

②2015 年 6 月 26 日，王恩惠针对发行人专利号为 ZL201220740418.2 的“一种折叠式阵列导航卫星信号接收天线装置”实用新型专利向国家知识产权

局专利复审委员会提出无效宣告请求，2015年7月8日，国家知识产权局专利复审委员会出具了《无效宣告请求受理通知书》(2015070300844900)，对其提出的无效宣告请求准予受理。2016年1月8日，国家知识产权局专利复审委员会出具了《无效宣告请求审查决定书》(第27984号)，宣告ZL201220740418.2号实用新型专利部分无效，在专利权人于2015年12月21日提交的权利要求1-5项的基础上继续维持该专利有效。

经核查，王恩惠作为原告起诉发行人侵犯其拥有的名称为“基于GPS的驾驶考试系统”的发明专利权，相关诉讼已审理终结，案件具体情况详见本招股说明书“第十五节 其他重要事项”之“四、对发行人产生较大影响的诉讼或仲裁事项”。经检索全国企业信用信息公示系统，谢秀琴与王恩惠均为北京圣加鸿宇科技有限公司股东。

(2) 根据公司出具的说明并经核查，ZL201220740418.2号实用新型专利所设置的权利要求的保护范围包含且远远大于公司经营的实际产品，其中被宣告无效的权利要求是公司为了扩大保护范围、丰富权利要求书的层次所设置的，因其本身不具有创造性被宣告无效，而有效部分的权利要求仍与公司生产经营的实际产品相适应。发行人所拥有的“一种折叠式阵列导航卫星信号接收天线装置”(专利号：ZL201220740418.2)和“一种长基线双导航卫星接收天线定位定向装置”(专利号ZL201020693012.4)两项专利均为实用新型专利，且均不属于公司的核心技术专利，在公司核心技术产品生产中应用有限。其中“一种折叠式阵列导航卫星信号接收天线装置”的专利在公司生产经营中并未实际应用。

公司技术随着研发、生产的进程而更新迭代，上述专利已经被公司其他技术所取代。“一种长基线双导航卫星接收天线定位定向装置”的实用新型专利是在2010年公司卫星定位定向产品研发过程中所申请，该技术主要特征是在将卫星接收板卡与天线设计成一体。此后由于在应用中的高温散热、震动等问题，现该技术方案已更迭为将卫星接收板卡与天线分置的解决方案，且该解决方案被公司专利号为“201020693438.X”的“长基线双导航卫星接收天线定位定向装置”所保护。因此该专利在实际应用中已逐渐被公司其他专利所替代，目前不再用于核心产品的生产。

综上，自然人谢秀琴、王恩惠所提出专利无效宣告申请所涉及的公司专利，不属于公司核心技术专利，其中天线装置专利未曾用于生产，定向装置专利现已被公司其他专利产品所替代。因此，公司认为：上述专利即使宣告无效，也不会对发行人的生产经营和持续盈利能力造成重大不利影响。

小兵评析 ▶

关于专利纠纷或者诉讼的问题，小兵基本观点就是：要充分关注跟专利相关的风险以及可能对发行人生产经营带来的不利影响。在本案例中，有两个关于专利的问题：一个是专利被第三方宣告无效；另一个是生产的产品被起诉为侵犯他人的专利权。对于前者，发行人解释尽管可能宣告无效，不过这些专利发行人都已经用新的专利替代了，用不上了。对于后者，发行人披露相关诉讼已经一审审结，发行人胜诉，当然存在原告提起二审的可能。

案例12 新余国科（代码：300722）反馈意见

根据招股说明书，公司的核心技术来源于公司的自主研发以及军方、军事院所的合作研发。请发行人代表说明：

1. 补充披露发行人主要技术、核心技术的来源、形成过程及合法合规性。列表说明发行人现有各项核心技术的发明人或主要研发人员，核心技术与专利或非专利之间的对应关系，是否涉及公司董事、监事、高级管理人员或其他核心人员在曾任职单位的职务成果，是否存在权属纠纷或潜在纠纷风险；前述人员与曾任职单位是否签署竞业禁止协议，是否存在纠纷或潜在纠纷风险；补充说明发行人就防止非专利技术泄密所采取的措施以及有效性，发行人是否存在较大的技术泄密风险、历史上是否有过泄密事件；补充说明发行人是否与核心技术人员签订竞业禁止协议，是否存在纠纷或潜在纠纷，发行人核心技术人员是否稳定，是否存在核心技术人员流失等风险。

2. 与其他单位合作研发协议的主要内容、研究成果的分配方案及采取的保密措施等。

3. 补充说明已披露的核心技术属于行业共性技术还是公司特有技术，补充披露核心技术的先进水平及依据；发行人仅拥有一项发明专利，其余专利均为实用新型和外观设计，请补充说明这是否为行业共性。

4. 2014 年发行人委托天观公司进行技术开发。请补充披露该委托开发项目的背景、合作双方的主要义务和责任，技术成果的权属及是否存在纠纷或潜在纠纷，该委托开发费用的支付方式，是否已完成支付及相应的会计处理。

5. 发行人自江西钢丝厂和天观公司无偿受让了一项商标和两项专利。请补充说明无偿转让商标和专利的原因及合理性、是否存在额外补偿的情形，转让后天观公司、江西钢丝厂及其控制的其他公司仍然拥有的商标、专利等知识产权情况及与发行人业务的相关性。

请保荐机构、发行人律师核查上述问题并发表明确意见。

小兵评析 ▶

IPO 审核反馈意见可以全面地分析监管机构对于某一个问题的关注要点以及分析的逻辑，对于我们案例学习以及业务总结有着很大的帮助。因而，在每次整理案例的时候，我们会找到一些相对经典的反馈意见与大家分享，主要是提示一个问题的全面分析脉络。

七、政策影响

本章开头就提到，目前军工企业正处于一个相对比较有利且繁荣的发展局面，而这样的情况是因为国家政策的外部积极推动引起的，包括发行人能够实现快速的业绩增长以及非常高的毛利率都是受政策的影响。

军工企业受政策因素影响很大，而政策带来的既能是好的影响也可能是不利的影响。如果政策发生了重大变化，企业是否能够积极应对并且应对成功，是一个值得重点关注的问题。

说得再直白一些，发行人所处行业后续的市场参与者会逐渐增多，面对的市场竞争会更加激烈，目前产品的销售价格以及实现的毛利率也会逐渐趋于一个市场平均水平。在这样的一个转型过程中，有的企业会继续做大做强，同样也会有企业坚持不住而掉队。

在 IPO 审核的过程中，政策问题尽管不是技术问题，也不是明确的发行条件，但是在很大程度上又能影响到 IPO 审核的结果，值得格外关注。能不能保持对政策的敏感性和洞察力，是投行民工的自身素养也是更高要求。

案例 13 星网宇达（代码：002829）发审会问询问题

请发行人代表说明：我国现行军品价格制度新一轮改革对发行人经营业绩的影响，相关信息和风险是否充分披露。请保荐代表人发表核查意见。

小兵评析 ▶

目前国家推行的军品国产化政策，的确为很多民营军工企业带来了很好的业务机会，同时由于在销售模式、定价方式等很多方面跟民用领域存在本质性差别，军工企业在产品销售价格、毛利率以及回款周期等方面也存在明显的自身特点。简单粗暴一点来说就是：毛利高、回款慢。关于军工产品毛利率高的现实有很多因素的影响，我们也应该认识到随着军品采购制度的改革，这样的高毛利率也不可能长期持续，这也是关注这个问题的核心所在。

第四章

软件行业 IPO 审核要点

Chapter 4

软件行业的企业在 IPO 审核发行人中占据很高的比例和权重，根据丰富的审核案例，我们可以简要总结出软件企业一些比较特殊和典型的关注要点。这些特点包括：基本上都是净资产运营；都有一定的技术含量；存在一定的客户依赖或者行业依赖；税收优惠金额比较高；软件销售占比较高；财务核查方面存在较大困难；收入确认有时候存在比较大的争议；等等。

软件企业在 IPO 审核过程中，收入确认的标准以及成本结转的内部控制等问题都是需要重点关注的问题，这些在后续的分析中我们也会详细解释。除此之外，软件企业还有一个独一无二的特点，就是产品是无形的，是看不见摸不着的，发行人销售给客户之后就很难像有形的产品一样看得到，这对财务核查提出了新的挑战。同时，软件企业由于其客户都是一些比较大型的企业，在客户访谈方面配合度会非常差，那么如何保证财务核查手段的有效性也是一个值得关注的问题。

对于财务数据真实性，实践中我们非常关注资金流、物流以及证据流的相互印证。如果一项交易有完整的资金划转记录，有清晰的商品流转轨迹，再加上发票、验收单据、记账凭证等外部资料的佐证，一般情况下真实性是可以保证的。

从过往的案例来看，比较恶劣的财务造假行业一个是农业一个是软件行业，农业是三个互相验证的证据链条都可能缺失，而软件行业缺失了最重要的物流。目前，财务核查对于物流的关注度越来越高。

针对软件行业的这些特点，IPO 审核实践中也会总结出针对软件企业的一些特殊的审核要点，主要体现在：收入确认原则、收入结构差异、成本结转及核算、收入和利润变动趋势不一致、税收优惠占比高、单一客户依赖、高毛利率高费用率、招投标、研发费用资本化、研发能力的论述。

一、收入确认原则

我们这里提到的软件企业，特指以软件开发以及销售作为主营业务的企业，如果是单纯的软件外包以及软件和硬件集成的业务，不在讨论之列。软件开发有一个非常典型的特征就是开发周期长，有的软件开发需要 1 年以上甚至更久的时间。正因如此，为了保证财务核算的准确性，软件开发实践中会采用完工百分比法来确认收入，并且基本上采取成本占总成本的比例以及核心节点作为收入确认的主要依据。

单纯从会计准则的角度来说，这样的处理是完全符合要求的，但是在实践中却存在很大的争议，这里的争议就在于软件的特殊性。完工百分比法是建筑施工企业的主流收入确认方式，而软件开发跟施工类企业最大的不同就是软件开发存在很大的不确定性。软件开发可能开发到一定的程度，最后发现，根本没有任何价值需要推倒重来，这种情况下所有的研发投入都是成本或者费用，而没有实现收入的任何可能，而在完工百分比下可能已经根据成本结转的比例确认了收入，这样的收入确认是不审慎的，甚至是与经营实际情况不符合的。

软件开发一般到了上线初步试验阶段，才有论证是否成功的可能，在这个阶段事实上才真正具备了确认收入的条件，而这时候成本已经基本上投入完毕，再按照完工百分比法来确认收入也没有了太大的价值，因而会考虑采用终验法来确认收入。这就是在实务中软件企业收入确认采用完工百分比法还是终验法的一个最大争议点。

当然，我们只是单纯地讨论技术问题，并不是说软件企业不允许采用完工百分比法。不论采用哪种方法，都需要客户确认的相关证据作为收入确认的重要节点，都要最符合企业经营的具体情况以及经营本质。还是那句老生常谈的话，财务数据是企业生产经营最直观最全面的反映，会计处理不得当，财务数据就会失真，就会直接影响对企业的判断。

案例 1　顶点软件（代码：603383）发审会问询问题

请发行人代表说明：报告期定制软件业务的收入确认原则变更的理由和依据，是否符合企业自身的经营特点和企业会计准则的相关规定。请保荐代表人发表核查意见。

附：公开披露信息

为了更加客观公允地反映公司的财务状况和经营成果，结合公司定制软件业务的实际情况，公司决定对定制软件业务的收入确认原则进行变更，定制软件业务的收入确认原则由完工百分比法变更为项目已经完成并取得客户验收时确认收入。公司决定自 2014 年 10 月 1 日起对定制软件业务采用变更后的收入确认原则，据此对 2014 年 1－9 月的财务报表进行追溯调整。

2014 年 10 月 21 日，本公司第六届董事会第一次临时会议审议通过了《关于公司定制软件收入确认会计政策变更的议案》，公司对定制软件开发业务的收入确认政策进行了变更。

（注：发行人曾于 2014 年 9 月 12 日由创业板发行审核委员会 2014 年第 21 次会议审议未通过，后于 2017 年 4 月 17 日由主板发行审核委员会 2017 年第 55 次发审委会议审议通过。）

小兵评析 ▶

这个案例非常经典，问题也说得非常清楚。发行人 2014 年第一次创业板审核没有通过，然后立即对收入确认政策进行了调整并且重新申报 IPO。审核过程中，关注到收入确认由完工百分比调整为一次性确认收入的依据、决策程序以及合理性，显然这样的调整是得到监管机构认可的。

二、先开工、后签约

这种模式，说得直白一点就是先干活、后谈钱。从企业经营的实践来看，其实这种情况还是比较多的，尤其是对于一些开发、施工、设计等项目比较复杂或者周期比较长的情况。当然，存在这种情况还有一个更加核心和重要的前提：这样的市场是买方市场，客户在业务合作中占据优势地位。

为什么会出现这种先施工后签约的情况？实践中总结起来可能主要有以下几种情形：（1）先施工是一个过渡期，甚至是有点试用期的概念，如果干得好就继续干，干不好可能也就没有这个业务了；（2）项目立项以及后续的审批需要经过一个复杂的流程，但是工程工期不等人，就只能是一边干活一边等合同审批；（3）甲方强势任性，没有什么理由，就是要求先干活，以后是不是还要继续合作再说。仔细想想，这种情况跟 IPO 中介机构的业务模式其实是很像的，会计师是不是最后被聘用出报告不清楚，先帮发行人规范一下财务，投行以后是否做 IPO、是不是做重组先不说，先做个简单的尽调，然后再出一个项目建议书之类的。

实践中这种模式存在一定的合理性，但是在会计处理方面却有一些争议，比如：是否存在年底突击确认收入冲击业绩的嫌疑、是否符合合同法的相关规定、前期业务合作的工作量如何认定、是否违反招投标等相关规定等。尤其是，如果这种收入确认模式的金额和比例比较大，还需要关注发行人内部控制的问题。在某些科创板案例中，也是因为这样的模式被重点关注，并且没有被认可。

案例2 立昂技术（代码：300603）发审会问询问题

根据申报材料，发行人报告期内“先开工、后签约”的项目确认营业收入 18,828.98 万元，占报告期内收入总额 19.96%。其中，报告期内合同签订前确认收入 3390.74 万元。请发行人代表说明：（1）上述导致“先开工、后签约”的情形及原因；（2）提供报告期内所有的收入确认早于合同签订的项目，包括客户、项目名称、合同金额、开工时间、合同签订时间、收入确认时间、收入确认金额、收入确认的依据；（3）结合项目的开工情况和实际进展情况说明完工进度计算的准确性，以及部分项目验收时间早于合同签订的原因及合理性；（4）在没有签订合同的前提下确认收入，是否存在难以回款的风险和法律纠纷，发行人是否采取相关措施应对难以回款风险和潜在法律纠纷。请保荐代表人发表核查意见。

小兵评析 ▶

实践中这种情况还是很多的，在 IPO 审核实践中却并没有很普遍的案例，主要原因在于这样提前开工前期发生的成本并不是很高，并且绝大多数项目后续还是签了合同，可以把前面的成本全部覆盖。如果是这种情况，一般也不会把这种合同的特殊情况单独作出说明。当然，本案例发行人由于合同金额比较大，占比接近 20%，从重要性水平的角度来说，也是需要详细说明和披露的。

发行人对这个问题做了重大风险提示，但是详细情况并没有作过多的说明。关于这个问题，核心还是要关注发行人对项目管理的内部控制问题，主要是对这些特殊的项目要建立单独的台账，并且单独进行归档管理和跟踪。这种情况下，还有两个典型问题需要关注：（1）在极端情况下，有的项目已经验收确认收入了，还没有签署合同，那么收入确认是否稳健，是否存在不能收回账款的情形；（2）确实存在开工建设了一段时间，也付出了成本，然后最终没有签署合同取得订单，这种该情况下应该就属于发行人的额外损失，是要计入成本的，这也是这种合同模式需要格外关注的一点。

三、收入结构差异

软件行业典型的收入结构就是软件销售收入、配套硬件收入以及技术运维服务收入。一般情况下，企业的收入结构都不会发生重大的变化，这样才说明企业的生产经营是稳定的、持续的。鉴于软件企业产品单一、客户稳定、新产品研发难度高、研发投入巨大等经营特性，如果一个软件企业报告期内产品结构发生了重大变化，则需要重点关注合理性以及可能存在的经营风险。

特别需要指出的是，软件企业的收入占比中的技术服务费的问题。如果发行人的收入中这部分收入占比很高，甚至保持很高的增长速度，则需要格外关注。这部分内容由于具体服务内容不明确、收费标准不统一、成本不完整，具有毛利率奇高等特点，因而存在很大的业绩调整的空间。加上软件企业的净利润水平一般相对比较低，更加重对于这个问题存在风险的担忧。换句话说，从过往的 IPO 审核案例来看，只要是技术服务费占比较高的或者增长比较快的，都很难顺利通过 IPO 审核。

案例 3　北京品恩科技股份有限公司（未过会）发审会问询问题

报告期内发行人软件产品、解决方案、技术开发三项主要收入各年度差异大、分布无规律，2016 年度经营性现金流为负。报告期内各期主营业务收入构成情况如下（见表 7）：

表 7　报告期内各期主营业务收入构成

单位：万元

收入类别	2016 年度		2015 年度		2014 年度	
	金额	占比	金额	占比	金额	占比
软件产品	123. 93	0. 58%	1842. 05	15. 19%	4466. 44	77. 56%
解决方案	20, 923. 86	97. 12%	6651. 49	54. 85%	675. 62	11. 73%
技术开发	369. 89	1. 72%	2885. 64	23. 80%	71. 82	1. 25%
运维服务	39. 31	0. 18%	507. 92	4. 19%	94. 34	1. 64%
硬件销售	87. 84	0. 41%	239. 94	1. 98%	450. 25	7. 82%
合计	21, 544. 83	100%	12, 127. 04	100%	5758. 47	100%

请发行人代表说明：（1）2015 年度技术开发、2016 年度解决方案业务内容的差异，以及收入快速增长的原因；（2）2017 年 1 – 5 月在手订单

的签订以及收入利润的实现情况，2017 年第一季度的盈亏情况。

小兵评析▶

发行人报告期软件产品收入占主营业务收入比重分别为 77.56%、15.19% 和 0.58%；解决方案收入占比分别为 11.73%、54.85% 和 97.12%；技术开发收入占比分别为 1.25%、23.80% 和 1.72%，收入构成呈现较大的波动性。报告期内发行人软件产品、解决方案、技术开发三项主要收入各年度差异非常大且分布毫无规律，说白了就是业务有点靠天吃饭的感觉，今天有什么业务就把什么业务做得大一些。这样的业务结构直接反映的是企业的竞争地位和行业话语权，最终体现的是企业盈利的稳定性和持续性。

案例 4　北京宝兰德软件股份有限公司（未过会）发审会问询问题

根据申请文件，报告期内发行人技术服务收入增长较大。请发行人代表说明：结合合同说明 2016 年相对于 2015 年收入增加的主要来源是年服务收入的原因及合理性。

附：公开披露信息

技术服务收入增长原因

报告期内，发行人技术服务收入保持快速增长，发行人 2014 年至 2016 年服务收入年均增长 61.89%，快于整体营业收入的增长速度。首先，为了确保核心业务系统正常运行，客户需要常年购买发行人服务。随着客户历年采购发行人软件的积累，后续的技术服务会持续增加。其次，随着客户业务量的增长，客户对发行人产品的需求在不断增长。

2014 年至 2016 年，从发行人处采购服务的客户数量分别为 19 家、22 家和 33 家，平均每家客户的服务收入如下（见表 8）：

表 8　每家客户服务收入

直接客户口径	2016 年	2015 年	2014 年
从发行人购买技术服务的直接客户数量	33	22	19
当年服务金额（万元）	3456. 39	1965. 20	1318. 87
平均每家客户直接采购的服务金额（万元）	104. 74	89. 33	69. 41

从表 8 中可以看出，以直接与宝兰德签订合同销售的口径统计，购买技术服务的直接客户数量在报告期内持续增加，这与发行人最终客户更多直接采购发行人服务有关。平均每家客户直接采购的服务金额持续上升，反映了随着客户历年采购发行人软件的积累，后续的技术服务会持续增加。可见，发行人技术服务收入增加的主要原因是每家客户采购的服务金额上升。

小兵评析 ▶

发行人报告期内不论是技术服务的客户数量还是金额都是大幅增长的，并且技术服务收入的毛利率都超过 90%，自然在审核过程中会重点关注。对于软件企业来说，技术服务收入是存在合理逻辑的，但是关键要明确以下几个核心：（1）技术服务的内容，是否能够具体量化；（2）技术服务的数量和金额跟客户的数量是否能够匹配，是否存在异常采购；（3）技术服务收入毛利率核算是否准确，成本结转是否完整，费用是否全部入账等。这三个问题，要是能够说清楚，那么技术服务收入值得认可，但事实是确实很难说清楚。

对于软件企业来说，最简单粗暴的方式就是将技术服务这部分收入和利润全部剔除不考虑，判断发行人是不是还满足发行条件。

四、人工成本核算

软件企业是轻资产运营，生产成本基本上就是人工费用，而人工费用怎么核算，怎样的内部控制管理措施才能够保证核算的真实性和完整性，是一个非常考验发行人以及项目组的问题。

软件企业本身一般收入规模不大，成本不高，一些轻微的成本结转差异都会造成毛利率的差异，因而影响到对财务数据的分析。也就是这个原因，成本核算的真实、准确和完整是一个很大的课题，尤其是成本的完整性。在这个问题上，我们常说的企业的内部控制措施真的不是一个摆设，是需要真真切切发挥其作用的，例如，对人工差旅的审批、不同项目的预决算程序、人工工时的具体核算标准、不同员工工时价格确定依据、项目交叉运作时的工时匹配、预算和决算存在差异的调整机制、薪酬和社保与同行业可比公司的对比、奖金确定标准和发放依据等，都需要建立详细的制度，并且后续能够严格执行。

案例5　北京品恩科技股份有限公司（未过会）发审会问询问题

报告期内，发行人各期营业成本－人工和应付职工薪酬之间的量化关系如下（见表9）：

表9　发行人各期量化关系

单位：万元

项　　目	2016 年	2015 年	2014 年
应付职工薪酬发生额①	2717.43	2492.57	3118.93
期初存货－人工成本余额②	1250.40	1698.11	631.04
期末存货－人工成本余额③	1294.71	1250.40	1698.11
当期发生和分摊的人工成本小计①+②－③	2673.12	2940.28	2051.86
当期损益和冲销维护费的人工成本小计	2673.12	2940.28	2051.86
其中：营业成本－人工	127.92	1237.30	190.99
结转入维护费－人工	69.01	64.58	12.68
管理费用－研发费用－人工	1144.71	626.20	974.41
销售费用－人工	325.94	202.77	186.56
管理费用－人工	1005.54	809.44	687.22

请发行人代表说明：(1) 各期期末存货保留的人工成本和结转进营业成本的人工成本的划分标准和依据，营业成本中的人工持续低于期末存货中保留的人工的原因；(2) 报告期内，各期发生和分摊的人工成本变化不大，但营业成本分摊的人工变化较大的原因。请保荐代表人说明对职工薪酬分摊的核查过程和核查结论。

小兵评析 ▶

在发审会问询意见中列出这么一个大表格的情形，小兵觉得并不是那么多见。表格虽大倒也不是很复杂，说白了就是一个简单的算术题，当然简单的加减乘除很容易明白，背后的会计核算原理和原因是需要重点关注和解释的。

这个问题，最终关注的就是人工成本核算的问题，发行人的主营业务是软件开发和工程设计，很重要的成本和费用应该都是人工薪酬，因而对于发行人重点关注人工薪酬问题是必然的，当然发行人也有很多理由可以解释自己的处理是合理的和真实的。不过从问询意见来看，发行人的处理的确有一些比较异常的情形：(1) 发行人每年发生的人工薪酬都是要保留很大一部分至存货，而不是全部结转成本或者计入费用，这样做的商业合理性和会计准则标准是什么？(2) 人工成本一部分结转一部分进入存货的划分标准，如果没有明确的标准，那不就是一个非常大的利润的调节池吗？如果利润不够，就可以保留成本多一些，反之就少一些？(3) 就算是一部分分摊一部分保留了，每年计入成本的人工薪酬变化会非常大的原因，同时导致管理费用和营业费用的人工薪酬波动非常大，是会计核算存在一些障碍还是业务结构导致的呢？这或许跟发行人报告期内业务结构变化有很大关系，不过至少目前没有看到合理的解释。

案例 6 北京品恩科技股份有限公司（未过会）发审会问询问题

申报文件显示，报告期内各期期末发行人存货账面价值分别为

4039.84 万元、4173.95 万元和 4695.92 万元，其中技术开发成本分别为 2255.52 万元、2041.36 万元、2097.49 万元。请发行人代表说明：将技术开发成本通过存货核算的原因和依据。请保荐代表人发表核查意见。

附：公开披露信息

技术开发成本：公司在取得项目的建设任务书时，开始将发生的技术开发成本在存货中归集，并在开发完成时停止相应的归集。技术开发成本包括自行开发支出以及委托软件功能模块支出。公司在单个具体项目开始实施时点将前期归集的技术开发成本，按照任务书中明确的实施数量（分母）和已经实施数量（分子）的比例进行分摊。公司在取得部队或涉军国有科研院所的项目建设任务书时（无任务书则自取得合同时点），开始将发生的项目技术开发成本在存货中归集，并在开发完成时停止相应的归集。公司在单个具体项目开始实施时点将前期归集的技术开发成本，按照任务书中明确的实施数量（分母）和已经实施数量（分子）的比例进行分摊。

小兵评析 ▶

发行人有很大一部分收入是技术开发和技术服务收入。在技术开发过程中发生的成本，如果技术开发还没有确认收入，那么这些成本也就不应该结转，这种情况下，技术开发成本存货核算应该是符合会计准则要求的，个人觉得没有问题。但是，这个问题的另外一个方面在于技术开发成本的归集问题，也就是发行人是否可能将其他费用或成本归集到这个科目里，从而推迟结转成本并调节利润呢?

其实，这个问题跟上一个问题的关注是连续的，两个问题如果结合起来一起思考就会看得更加全面和深入。

五、收入和利润变动趋势不一致

一般情况下，一个经营稳定且具备良好发展前景的企业，核心的财务指标（如毛利率）应该是稳定的，收入和净利润基本上也保持着一致的稳定增长趋势。这是企业市场地位和盈利能力的重要表现，这样的企业也是 IPO 审核理念中最受欢迎的。

对于软件企业来说，经常会存在收入和净利润不匹配的情形，这样的情形也可能完全符合企业的经营现状和特征，不一定不符合 IPO 的审核标准。不过这种情形还是说明企业的生产经营存在很大的波动性，波动性就代表着不稳定，如何论证稳定持续的盈利能力就成为一个关键点。

收入和净利润的变动趋势不一致，对于软件企业来说，本质的机理是因为收入和成本不一定完全匹配。比如，软件研发有可能研发了很久最后失败了，也有可能在原来失败的基础上稍微一改进又成功了，这时候成本就很难一对一匹配精准。此外，还存在发行人因为客户原因在每年年末集中确认收入的情形，极端情况下在每年 11 月之前都是巨额亏损的，而最后一个月集中盈利。

实践中，收入和净利润不匹配最常见也是最容易关注的就是净利润的增长速度明显高于收入的增长速度。收入不增长或者增长不多的情况下净利润大幅增长，必然导致毛利率提高或者期间费用率降低，那么这两个指标的变动都需要放在财务核查最重要的位置。当然，净利润增长高于收入增长最基础的逻辑是规模效应，但是这个因素到底占多少比重，能有多少影响力是需要明确界定的。

案例 7 智业软件股份有限公司（未过会）公开披露信息

发行人 2017 年上半年、2016 年、2015 年、2014 年扣非后的净利润分别为：184.95 万元、4350.63 万元、2013.37 万元、3396.67 万元。

发行人对 2017 年上半年业绩情况作了重点解释，主要原因是：2017 年上半年，公司业务经营收益为 586.85 万元，占 2016 年的 14.77%，主要系：（1）公司业务经营具有季节性特征，于下半年验收并确认收入的项目相对较多，而费用的发生额较为均衡，故上半年的业务经营收益相对较低；（2）智业互联的移动医疗及互联网健康管理服务等业务的前期市场推广及产品研发投入较大，其 2017 年上半年亏损 786.43 万元。

小兵评析 ▶

发行人 2016 年已经达到了 4000 万元以上的利润，但是在 2014 年和 2015 年都只有 2000 多万元的利润，业绩快速增长的合理性和真实性是重点关注的问题。此外，2017 年上半年业绩不足 200 万元，就算是考虑到季节性因素，发行人 2017 年的业绩发展趋势也是值得怀疑的。但我们并不能直接认定发行人 2016 年的业绩增长是不真实的，也没法通过 2017 年上半年的业绩直接推断发行人 2017 年全年的业绩会大幅下滑。

从这个案例我们可以简单判断，对于软件企业来说，上半年和下半年业绩差异很大，或者是不同的会计年度业绩差异波动较大，都有可能是合理的也是符合企业经营逻辑的。对于这样的企业 IPO 审核的判断，主要还是看市场竞争力和行业地位，说白了就是盈利能力能否持续，而不是简单地靠天吃饭。

六、税收优惠占比高

税收优惠金额和占比高也是软件企业的一个非常典型的特征。这里的税收优惠，除了大家都比较熟悉的高新技术企业 15% 税收优惠之外，更大的比重在于国家为了支持国产软件的发展而出台的增值税“即征即退”的税收优惠政策，并且增值税即征即退的部分是免征企业所得税的。此外，跟软件企业相关的税收优惠政策还包括研发费用加计扣除、高新技术企业认定之后还可以选择 10% 的税收优惠政策等。

小兵简单总结一下软件企业主要的税收优惠政策如下（见表10）：

表10 软件企业主要的税收优惠政策

序号	政策文件	主要优惠政策
1	《财政部、国家税务总局关于软件产品增值税政策的通知》	1. 增值税实际税负超过3%的部分实行即征即退政策 2. 纳税人受托开发软件产品，著作权属于受托方的征收增值税，著作权属于委托方或属于双方共同拥有的不征收增值税；对经过国家版权局注册登记，纳税人在销售时一并转让著作权、所有权的，不征收增值税
2	《企业研究开发费用税前扣除管理办法（试行）》	1. 研发费用计入当期损益未形成无形资产的，允许再按其当年研发费用实际发生额的50%，直接抵扣当年的应纳税所得额 2. 研发费用形成无形资产的，按照该无形资产成本的150%在税前摊销。除法律另有规定外，摊销年限不得低于10年
3	《财政部、国家税务总局关于进一步鼓励软件产业和集成电路产业发展企业所得税政策的通知》《关于集成电路设计和软件产业企业所得税政策的公告》	1. 自获利年度起计算优惠期，第一年至第二年免征企业所得税，第三年至第五年按照25%的法定税率减半征收企业所得税 2. 国家规划布局内的重点软件企业，如当年未享受免税优惠的，可减按10%的税率征收企业所得税

根据会计准则的规定，符合国家政策且长期稳定的税收优惠是不计入非常性损益的，是正常的营业收入。尽管如此，如果有的企业税收优惠的金额非常高甚至接近营业利润的金额，还是要关注增值税退税以及研发费用加计扣除等计算方法、计算金额、计算过程是不是合规，是否存在违规取得税收优惠的情形。更重要的是，要关注这些税收优惠政策是否稳定，是否存在重大变化甚至取消的情形。

案例 8　智业软件股份有限公司（未过会）发审会问询问题

2014 年、2015 年、2016 年扣除税收返还和政府补助后的净利润分别为 2564.1 万元、－201.78 万元、1839.34 万元，自 2013 年至 2016 年期间，发行人陆续收购了天津天职、内蒙古普诺杰、云南汇众的 100% 股权、西藏展望 60% 股权，并增资控股了云顶伟业与福建海医汇。请发行人代表说明：(1) 上述收购行为对发行人报告期内盈利能力的影响，发行人后续经营的主要瓶颈；(2) "2014 年度至 2016 年度，经认定可以加计扣除的研发费用分别为 2054.57 万元、2361.54 万元、2572.04 万元，同年分别加计扣除 1027.28 万元、1159.10 万元、1286.02 万元"，认定数与加计扣除数之间差异的具体情形。请保荐代表人对上述问题发表核查意见。

附：报告期内公司增值税退税情况如下（见表 11）：

表 11　报告期内公司增值税退税情况

单位：万元

项　　目	2017 年 1－6 月	2016 年度	2015 年度	2014 年度
收到的增值税返还	1228.88	1512.36	1912.15	455.47
利润总额	582.04	6360.80	3297.60	4176.46
增值税返还占当期利润总额的比例	211.13%	23.78%	57.99%	10.91%

报告期内，企业所得税税收优惠对公司利润总额的影响如下（见表 12）：

表 12　报告期内企业所得税税收优惠对公司利润总额的影响

单位：万元

项　　目	2017 年 1－6 月	2016 年度	2015 年度	2014 年度
企业所得税税收优惠金额	129.55	862.59	320.56	269.16
利润总额	582.04	6360.80	3297.60	4176.46
企业所得税优惠金额占当期利润总额的比例	22.26%	13.56%	9.72%	6.44%

公司各年度享受的税收优惠金额及对当期净利润的影响情况如下（见表13）：

表13　公司各年度享受的税收优惠金额及对当期净利润的影响

单位：万元

项　目	2017年1-6月	2016年度	2015年度	2014年度
所得税优惠金额	129.55	862.59	320.56	269.16
软件产品销售增值税实际税负超过3%部分即证即退[注]	1044.55	1285.51	1625.33	387.15
其他[注]	—	14.48	3.21	7.24
税收优惠合计	1174.11	2162.58	1949.10	663.55
净利润	318.78	5495.06	2615.11	3447.63
税收优惠占净利润比例	368.31%	39.35%	74.53%	19.25%

注：1.“软件产品销售增值税实际税负超过3%部分即征即退”“其他”均为扣除企业所得税影响后的金额；

2.“其他”为克拉玛依智业依据《克拉玛依市鼓励信息产业发展若干政策（试行）》的相关规定，取得的地方财政给予的税收返还。

2014年度至2016年度，经认定可以加计扣除的研发费用分别为2054.57万元、2361.54万元、2572.04万元，同年分别加计扣除1027.28万元、1159.10万元、1286.02万元。2017年1-6月，公司经审定的研发费用金额为2358.55万元。

报告期内，公司计入营业外收入和其他收益的非税收返还的政府补助金额分别为158.90万元、584.18万元、853.25万元、174.19万元，占当期净利润的比例分别为4.61%、22.34%、15.53%、54.64%。

小兵评析 ▶

关于这个问题，小兵只想说三点：（1）第一个问题关注到，发行人如果将税收返还和政府补助扣除之后净利润会下降很多，2015年是直接亏损的。（2）第二个问题关注到，发行人疯狂买买买之后的企业运行情况，买来的企业后续经营情况是不是很好，对发行人经营是不是利好。此外，关注到发行人为什么要做大规模并购，是不是自己的业务已经有了瓶颈呢？（3）第三个问题关注到，为什么会计上结转的研发费用和税务局加计扣除的研发费用中间差了1000多万元呢，那是不是直接反证了发行人的研发费用结转是有比较大的问题呢，发行人没有解释这个问题，我们也不得而知。

案例9 泛微网络（代码：603039）发审会问询问题

请发行人代表说明：（1）报告期各期发行人享受税收优惠占利润总额的比例较高的原因；（2）上述税收优惠是否符合相关法律法规的规定，是否具有可持续性；（3）发行人的经营成果对税收优惠是否存在严重依赖，是否符合《首次公开发行股票并上市管理办法》第27条的规定；（4）税收政策变动可能对发行人未来业绩产生的不利影响。请保荐代表人发表核查意见。

附：公开披露信息

1. 增值税退税优惠

根据财政部、国家税务总局、海关总署《关于鼓励软件产业和集成电路产业发展有关税收政策问题的通知》（财税〔2000〕25号）和国务院《关于印发进一步鼓励软件产业和集成电路产业发展若干政策的通知》（国发〔2011〕4号）以及财政部、国家税务总局《关于软件产品增值税政策的通知》（财税〔2011〕100号）的规定，增值税一般纳税人销售其自行开发生产的软件产品，按17%的法定税率征收增值税后，对增值税实际税负超过3%的部分实行即征即退政策。

2013年度、2014年度、2015年度和2016年1－6月，公司已取得增值税退税分别为2260.43万元、2980.38万元、3235.28万元和1607.14万元，占当期利润总额的比重为58.17%、64.72%、51.40%和65.11%。

2. 所得税优惠

经国家发改委、工信部、财政部、商务部、国家税务总局的评审，公司被认定为2013－2014年度国家规划布局内重点软件企业（证书编号R－2013－168），根据《关于进一步鼓励软件产业和集成电路产业发展企业所得税政策的通知》（财税〔2012〕27号）关于"国家规划布局内的重点软件企业和集成电路设计企业，如当年未享受免税优惠的，可减按10%的税率征收企业所得税"的规定，公司2013－2014年享受10%的所得税优惠税率。

经上海市科学技术委员会、上海市财政局、上海市国税局、上海市地税局的复审，公司于2012年11月18日继续被认定为高新技术企业，高新技术企业证书编号：GF201231000475，有效期3年，高新技术企业适用15%的企业所得税税率。2015年10月30日，公司获得由上海市科学技术委员会、上海市财政局、上海市国家税务局、上海市地方税务局颁发的编号"GR201531001011"高新技术企业证书，有效期3年，可享受15%的优惠所得税率。

报告期内，发行人享受的所得税优惠情况如下（见表14）：

表14　发行人享受的所得税优惠情况

项　　目	2016年1－6月	2005年度	2014年度	2013年度
利润总额（万元）	2468.16	6294.57	4605.27	3885.59
所得税费用（万元）	377.16	1253.92	298.22	280.83
所得税费用占利润总额比例（%）	15.28	19.92	6.48	7.23

公司近三年所得税费用占利润总额比例较低，主要是公司享受不同程度的税收优惠，尤其是软件产品增值税即征即退部分免征企业所得税所致。2015年，所得税费用为1253.92万元，较前期增长幅度较大，主要系2015年上半年适用税率由原来的10%变更为15%；以及按照15%税率补提了增值税即征即退收入对应企业所得税。2016年1－6月，所得税费用为377.16万元，占利润总额的比例为15.28%。

小兵评析 ▶

发行人增值税软件退税金额占营业利润的比例保持在 60% 左右，而企业所得税税收优惠金额占比最高达到 20% 最低 10% 左右，合计占营业利润的比例超过 70% 。尽管我们不能说这样的企业经营就是有问题的，至少说明企业经营风险还是很大的。发行人最终 IPO 通过审核，应该是诸多因素综合考量的结果，也说明税收优惠占比很高并不是 IPO 的实质性障碍，核心还是关注发行人独立面对市场竞争的能力，是不是对优惠存在很大的依赖，尤其是业绩规模较小的发行人。

七、单一客户依赖

小兵一直在强调，单一客户依赖对于 IPO 审核是一个开放性的问题，只要能够解释清楚且符合基本的商业逻辑，一般不会构成 IPO 的实质性障碍。但是，单一客户依赖是有前提的，最核心的就是：发行人与单一客户长期合作是互相依赖的关系，并且发行人向单一客户的销售比例是在逐年下降的，依赖逐步在减少。

其实，从某种意义上来讲，单一客户依赖并不存在明显的行业特征，而是一个企业具体的经营战略问题。换句话说，任何行业的企业都有可能存在单一客户依赖的问题，只是软件企业相对特殊些，因而我们在这里做了特殊的强调。

IPO 申请发行人一般都集中在某一个领域，业务规模也不是很大，因而需要关注发行人行业集中和客户依赖的问题。比如：有的企业专门开发金融软件，服务客户都是金融企业，可能某一个重要的银行就是企业的单一重大客户。有的企业专门开发通信领域的软件，这又可能分为计费类或者运营类的软件，那么单一客户就可能是中国移动甚至是某个分公司。

案例10 北京品恩科技股份有限公司（未过会）发审会问询问题

2016年度来自于第一大客户中国电子科技集团公司某科研单位下属某单位（公司）签订的合同共有63个，合同金额为2166.95万元，截至2017年4月30日，双方再次签订53个合同，合同金额合计15,312.60万元。请保荐代表人对下述问题进行说明并发表核查意见：(1) 与中国电子科技集团公司某科研单位下属某单位（公司）签订合同未招投标的原因，发行人取得上述业务是否符合法律法规，是否额外支付其他费用；(2) 发行人对该客户是否存在重大依赖；(3) 对发行人持续盈利能力的影响、风险等信息披露是否充分。

附：公开披露信息

报告期前十大客户的销售内容、销售金额及其占比情况（见表15）：

表15 报告期前十大客户的销售内容、销售金额及其占比情况

期间	序号	客户名称	销售内容	金额（万元）	占同期收入比例
2016年度	1	中国电子科技集团公司某科研单位下属某单位	解决方案	18,931.83	87.85%
		中国电子科技集团公司某科研单位	解决方案、硬件		
	2	武警森林部队某部	技术开发及硬件	371.31	1.72%
	3	公安部新疆乌鲁木齐某现役单位	解决方案	100.00	0.46%
	4	北京维信通广电子有限公司	软件产品	89.74	0.42%
	5	南通卡迪网络科技有限公司	解决方案	47.80	0.22%
	6	昆明嘉辰科技有限公司	解决方案	43.85	0.20%
	7	莎车县公安局	解决方案	43.08	0.20%
	8	公安部山东某现役单位	运维服务	39.31	0.18%
	9	北京汉安红腾科技有限公司	软件产品	34.19	0.16%
	10	南京协成楼宇系统工程有限公司	解决方案	33.33	0.15%
	合计			19,734.43	91.57%

续表

期间	序号	客户名称	销售内容	金额（万元）	占同期收入比例
2015 年度	1	公安部新疆某现役单位	解决方案	1785. 04	14. 71%
	2	武警森林部队某部	技术开发及硬件、解决方案	1778. 94	14. 66%
	3	武警部队某部	技术开发	1011. 46	8. 34%
	4	北京维信通广电子有限公司	软件产品	998. 29	8. 23%
	5	公安部广东 14 个现役单位	解决方案	792. 04	6. 53%
	6	公安部山东 13 个现役单位	运维服务、解决方案	633. 53	5. 22%
	7	中国电子科技集团公司某科研单位	解决方案	580. 00	4. 78%
	8	新疆维吾尔自治区公安厅	软件产品及硬件	517. 19	4. 26%
	9	莎车县公安局	解决方案	467. 17	3. 85%
	10	公安部某现役单位	解决方案、运维服务、技术开发	455. 47	3. 75%
	合计			9019. 13	74. 34%
2014 年度	1	北京维信通广电子有限公司	软件产品及硬件	1846. 32	32. 06%
	2	北京中泰通达科技发展有限公司	软件产品	1608. 97	27. 94%
	3	北京汉安红腾科技有限公司	软件产品	1025. 64	17. 81%
	4	北京国基科技股份有限公司	软件产品	256. 41	4. 45%
	5	公安部河北 4 个现役单位	解决方案	233. 78	4. 06%
	6	北京信维东方电子有限公司	硬件	129. 23	2. 24%
	7	公安部山东某现役单位	运维服务	94. 34	1. 64%
	8	公安部福建 3 个现役单位	解决方案	79. 37	1. 38%
	9	武警部队江西某部	解决方案	68. 38	1. 19%
	10	公安部广东某现役单位	解决方案	67. 87	1. 18%
	合计			5410. 32	93. 95%

报告期内，发行人来自前五名客户的销售额占营业收入比重分别为 86.33%、52.47%和 90.67%，其中，第一大客户的收入占比分别为 32.06%、14.71%和 87.85%，且发行人报告期三年的第一大客户均不同。

小兵评析 ▶

本案例的发行人对单一客户依赖的问题比较特殊：（1）发行人报告期三年的第一大客户均不同。（2）发行人最近一年对单一客户的占比从上年的 14.71%飙升到 87.85%，并且这个客户还是 2016 年新增的客户。（3）2016 年度来自于第一大客户中国电子科技集团公司某科研单位下属某单位公司签订的合同共有 63 个，合同金额为 2166.95 万元。不仅如此，2017 年 1－4 月，双方再次签订 53 个合同，合同金额合计 15,312.60 万元。说得再直白些，发行人在 2016 年主要就靠一家企业在续命和盈利，尽管盈利规模可以，不过盈利的质量存疑，未来的持续盈利能力也就存在重大不确定性。

我们可以认为客户的订单和销售全部都是真实的，但是从商业合作的逻辑上却不是合理的。从另外一个角度来讲，不合理性总有不真实的因素存在，只是可能暂时没有发现而已。

监管机构同样对这个问题做了重点关注，只是关注的点还算比较温和常规：（1）关注发行人 2017 年业绩情况，是不是能够保持 2016 年同期的业绩水平；（2）发行人取得电子科技集团下属单位这个重大客户的程序是否违规，为什么没有招投标；（3）发行人单一客户与发行人进行合作的商业合理性，是否存在额外支付费用取得订单的情形，甚至是否存在其他利益安排的情形。

八、高毛利率和高费用率

对于软件行业来说，高毛利率和高费用率是最典型的财务特征，这主要就是由于软件行业特有的研发和生产模式造成的：（1）软件行业的主要支出是研发支出，在研发费用不进行资本化的情况下只能全部进入当期费用；(2) 软件行业是典型的轻资产运行行业，没有明显的固定资产支出；(3) 软件行业基本上都是非标产品，因而在市场推广方面需要较大的付出，销售费用金额及占比会比较高。

从IPO审核的角度来说，软件企业存在这样的财务指标是正常的，不应该用特殊的眼光去对待。对于发行人来说，需要做的工作是要通过各种方式和手段来证明自己的财务指标是正常的合理的，财务数据是值得信赖的。换句话说，因为行业的特性，发行人具有这样的特征是可能的，但是发行人需要解释这样的可能是完全可以实现的，是没有任何疑问的，这也是IPO审核中很重要的一个逻辑。

从另外一个角度来说，我们了解到某些行业一些特有的商业模式后，我们看到某个企业存在一些看起来异常的情况的时候，就不再那么吃惊或者敏感，至少给发行人足够的证明的机会。这就是我们为什么要按照行业对某些共有问题进行总结和分析最重要的一个目标。

案例11 泛微网络（代码：603039）发审会问询问题

请发行人代表说明：(1) 同行业可比上市公司是否采用与发行人类似的区域授权业务运营中心模式；(2) 发行人毛利率显著高于同行业可比上市公司的原因和合理性。请保荐代表人发表核查意见。

附：公开披露信息

公司2013年、2014年、2015年和2016年上半年的综合毛利率分别为94.20%、95.24%、96.43%和94.45%，报告期内平均在94%以上。本公司综合毛利率变动主要是由收入结构变动和各分项毛利率变动所致，具体情况见下表（见表16）：

表16 综合毛利率变动具体情况

业务性质	2016年1－6月		2015年度		2014年度		2013年度	
	收入占比（%）	毛利率（%）	收入占比（%）	毛利率（%）	收入占比（%）	毛利率（%）	收入占比（%）	毛利率（%）
主营业务	100.00	94.45	100.00	96.43	100.00	95.24	100.00	94.20
其中：软件	75.66	95.46	75.49	97.44	75.69	95.90	77.22	96.66
技术服务	22.48	96.45	23.40	95.69	22.63	95.88	20.22	95.87
第三方产品	1.87	29.32	1.11	44.03	1.67	56.58	2.57	6.88
合计	100.00	94.45	100.00	96.43	100.00	95.24	100.00	94.20

公司与可比上市公司毛利率的对比情况如下（见表17）：

表17 公司与可比上市公司毛利率的对比情况

上市公司	2016年上半年	2015年度	2014年度	2013年度
用友网络	66.21%	67.85%	67.52%	62.29%
鼎捷软件	83.02%	80.28%	80.46%	80.72%
金和网络	90.18%	87.41%	87.44%	92.00%
金蝶国际	79.34%	81.46%	82.50%	75.27%
可比公司平均数	79.69%	79.25%	79.48%	77.57%
本公司	94.45%	96.43%	95.24%	94.20%

注：同行业可比上市公司数据来自公开的定期报告。

本公司综合毛利率与同行业可比上市公司相比，处于较高的水平，主要是由于公司最大的支出人工成本直接计入当期费用，且公司为客户提供整体解决方案需要的相应软硬件较少，金额相对较小，使公司营业成本较低。

小兵评析 ▶

发行人的毛利率接近95%，这样的毛利率即使在软件行业里也算是非常高的了，根据统计数据也确实超过同行。小兵一直在强调，毛利率高肯定要关注，但并不一定就是怀疑，只是需要解释合理的理由，如产品结构差异、不同客户层次、销售模式不同等。说白了，毛利率高不怕，只要高得合理，符合逻辑就行。

九、招投标

根据《招标投标法》第 3 条以及《必须招标的工程项目规定》的规定：

某些项目的勘察、设计、施工、监理以及与工程建设有关的重要设备、材料等的采购，如达到下列标准之一的，必须进行招标：

1. 施工单项合同估算价在 400 万元人民币以上的；

2. 重要设备、材料等货物的采购，单项合同估算价在 200 万元人民币以上的；

3. 勘察、设计、监理等服务的采购，单项合同估算价在 100 万元人民币以上的。

同一项目中可以合并进行的勘察、设计、施工、监理以及与工程建设有关的重要设备、材料等的采购，合同估算价合计达到上述 1、2、3 项规定标准的，必须招标。

如果没有招投标会有几种情况：一种是定向邀标，就一家有，别人都没有，招投标干吗？另一种是连续性的合作，可能只需要一次招投标，后续在没有本质差异的情况下就不再招投标了。

应该履行招投标而没有履行程序的情形，在实践中还是比较普遍的，也有一些现实的理由。有的人问我关于比例问题，是不是 20% 就不行，

5%就行？我个人觉得不是用这么简单的比例去看去算。如果从规则上来严格论证，没有履行招投标程序，那就是获取客户资源不合规，进而就是企业的生产经营存在合规性瑕疵，那么报告期内的业绩就不值得信赖，这样的一个逻辑链条是成立的。因而，从审核的实践来看，如果发行人存在大规模的未履行招投标程序的合同，除非有着合理的理由，不然很难被监管机构认可。

案例 12 普元信息（代码：688118）反馈意见

根据招股说明书披露，发行人的销售模式主要为招投标和商业谈判，请发行人补充说明以下内容：（1）各期招投标模式下产品或服务的销售金额及占比；（2）标准化软件产品的定价依据，各期销售单价的变化及原因，结合具体合同分析解决方案业务的定价变动趋势，以及对发行人盈利能力的影响；（3）招投标模式和商业谈判模式下的毛利率水平对比情况，并说明产生差异的原因；（4）各期项目计价模式和人月定量模式对应的具体业务内容、销售金额、占比及毛利率水平；（5）项目的平均执行周期，各期各季度新签合同（项目）数量、正在执行数量、完工数量。请保荐机构和申报会计师核查并发表意见。

附：公开披露信息

公司在销售过程中通常采用四种方式获取订单：政府招标采购、企业招标采购、集成商销售、商务谈判，具体如下：

1. 政府招标采购

政府招标采购一般都经过发布招标公告、招标文件制作、开标、开标结果公示、签订合同等阶段。公司会根据在政府招投标网站公示的招标采购相关招标文件，在规定的期限内制作投标文件进行投标。在招标开标完成且公示期内无异议的情况下，双方签订销售合同。

2. 企业招标采购

较多大型企业客户经常采用公开招标和邀标两种形式确定终供应商。招标过程一般经过供应商遴选、发布招标或邀标要求、供应商投标文件制作和投标、开标和合同签署等阶段。公司客户中的金融、电信等大型客户一般通过自主招标确定供应商。

在企业客户公开招标的情况下，企业通过公开渠道披露采购需求及技术规范。公司得到相关招标需求后，组织人员对招标需求进行评估后决定是否投标。在决定应标后，公司根据招标要求和招标规范制作技术应答和商务应答等投标文件，并在企业规定的开标时间投标，中标后与客户签署合同。

邀标情况下，企业客户一般先进行供应商遴选，综合评估候选供应商的资质、同类项目历史业绩、综合实力、产品及解决方案技术的先进性、可靠性、匹配度等方面选定入围的供应商，然后企业再向入围供应商发出招标书。邀标情况下，企业客户通常与供应商进行方案和技术验证及商务沟通，终才会确定中标供应商。

3. 集成商销售

部分政府和企业客户在招投标过程中，会将需要多家厂商同时提供的产品和解决方案放在一个包件内进行招标，此类招标需要系统集成商将多家原厂商不同的产品和解决方案进行整合后进行投标。

在此类项目中的招标过程前期，公司销售人员和销售工程师会与政府和企业客户进行技术验证、方案沟通、产品的功能和性能测试等营销工作，支持系统集成商或者软件开发商的投标方案的编写；在商务层面，公司通常会向集成商或者软件开发商授权投标，授权内容包括产品名称、数量、金额、有效期等。系统集成商在中标后，根据授权及中标内容与发行人签订采购合同。

4. 商务谈判

部分软件开发商采购公司的软件产品，作为其开发的行业应用软件产品或解决方案的技术支撑平台，并打包向其行业应用客户进行销售。软件开发商通常与发行人协商确定合同内容，并签署合同。

部分大型客户对于延续性项目或自用软件产品的采购也采用商务谈判的方式与公司签订合同。

小兵评析 ▶

法律明确规定了哪些情况下，应该按照什么标准履行招投标程序，这个没有什么可质疑的。当然，也不能因为发行人偶尔出现的一些没有履行招投标程序的业务就一棍子打死，得出不能 IPO 上市得结论。对于这个问题，不是直接界定 5% 还是 10% 比例的问题，还是需要结合不同的情况做一个分析。具体考量的因素有：（1）扣除这些没有招投标程序的合同收入之后发行人是否还满足发行条件；（2）没有招投标程序的是不是有一些其他合理的理由；（3）实在没有理由的，是不是有一些客观因素和例外情况，没有招投标程序并非发行人主观恶意规避相关规定。

案例 13　北京品恩科技股份有限公司（未过会）发审会问询问题

发行人报告期确认的最大笔合同内容为三维人像采集比对解决方案，2016 年度确认收入金额为 17,634.29 万元。请发行人代表说明：上述合同未履行招投标程序的原因，请保荐代表人对上述合同对应的收入确认是否符合企业会计准则的规定发表核查意见。

小兵评析 ▶

这个案例的重点就是，发行人有一笔 1.7 亿元的合同，在取得合同的时候没有履行招投标的程序，是否符合相关规定。另外，发行人取得的很多合同都没有招投标程序，这是否符合相关的招投标规定以及发行人取得的订单是否真实合理。

十、研发费用资本化

软件企业很大一部分费用支出就是研发费用，自然会涉及研发费用资本化问题。

根据《企业会计准则第 6 号——无形资产》及其应用指南，企业内部研究开发项目的支出，应当区分研究阶段支出与开发阶段支出。企业内部研究开发项目研究阶段的支出，应当于发生时计入当期损益。研发费用资本化的五个条件，可总结为：技术可行、开发有目的、能带来经济利益、有资源支持、可靠计量。

虽然会计准则及其指南，给出了研究阶段与开发阶段的原则性的区分标准，以及不同阶段的处理方式、资本化的条件，但由于研究阶段与开发阶段具体区分的界限点、划分标准很难把握，开发阶段符合资本化条件的具体条件与依据很难确定，绝大部分 IPO 企业出于谨慎性的原则，将研发费用全部费用化，未进行资本化。

我们统计 2018 年上市的信息传输、软件和信息技术服务业的 IPO 过会企业共为 28 家，这 28 家企业均不存在研发费用资本化的情况。2015 - 2016 年信息传输、软件和信息技术服务业的 IPO 过会企业共为 44 家，仅有 3 家企业在上市的招股书中存在部分的研发费用资本化情况，分别为久远银海、暴风集团、辰安科技，但是这三年研发费用资本化的金额占研发费用的比例都有着严格的控制，具体情况如下（见表 18）：

表 18　研发费用资本化的金额占研发费用的比例

序号	股票简称	上市日期	研发费用资本化率	研究阶段与开发阶段划分标准	开发阶段支出符合资本化的具体标准
1	久远银海	2015 - 12 - 31	无法取得相关数据	《企业会计准则第 6 号——无形资产》及其应用指南的 2 个标准（与其披露一致）	《企业会计准则第 6 号——无形资产》及其应用指南的五个条件（与其披露一致）

续表

序号	股票简称	上市日期	研发费用资本化率	研究阶段与开发阶段划分标准	开发阶段支出符合资本化的具体标准
2	暴风集团	2015－03－24	5.04%（2014 年度） 35.01%（2013 年度） 0%（2012 年度）		
3	辰安科技	2016－07－26	0%（2015 年度）； 9.28%（2014 年度）； 0%（2013 年度）		《企业会计准则第 6 号——无形资产》及其应用指南的五个条件（与其披露一致）

案例 14 暴风集团（代码：300341）关于资本化主要披露

1. 研究阶段与开发阶段划分标准

（1）研究阶段：可形成演示版

在研究阶段，公司的研发项目需经过前景与可行性研究、立项、软件架构搭建与代码编写、内部测试、公开测试，并通过不断完善和评估，发布软件的“基本版”。此时软件产品框架已经形成，关键技术得到验证，底层程序已经稳定，形成可演示版本，关键性能（如启动速度，请求响应时间，图片刷新时间等）达到产品规划要求。研究阶段的相关支出全部计入当期损益。

（2）开发阶段：可达到预期

在开发阶段，公司在研究阶段形成的基本版本上继续增加软件核心功能，并持续发布新版本，当软件的核心功能技术指标通过评审后，产品可视为“完整版本”，即已完成开发所有计划的核心功能，各项数据显示各项产品、技术指标正常，达到预期目标。

2. 在招股书中列明了不同款产品的资本化条件，在这里仅举例“暴风看电影”

（1）经过研究阶段，“暴风看电影”的底层程序已经稳定，关键性能达到规划要求，公司完成该研发项目在技术上具有可行性。

（2）“暴风看电影”是一款基于 PC 端开发并运行的互联网影音软件产品，其本质是浏览器，向用户提供一站式的全网视频内容垂直搜索、视频内容推荐、视频内容播放及优化处理等服务。公司计划继续丰富“暴风看电影”的核心功能。

（3）互联网视频是互联网重要的应用领域之一，该领域包括软件类企业、网站类企业等，服务提供商和提供方式呈现多元化特点，因此互联网视频用户存在垂直搜索需求。自该产品的基本版本发布后，安装量和使用量快速增长，具有广泛的应用市场。

（4）公司针对“暴风看电影”项目组建了专职研发团队和运营团队，团队囊括优秀的产品设计、产品开发、产品运营人才。同时借助于公司成功推出和运营暴风影音播放器的经验和资源，公司有足够的技术、财务资源和其他资源支持完成该项目的开发和维护运营。

（5）公司严格遵守《企业会计准则》和《研发核算管理制度》，开发支出按具体开发项目准确核算。该项目研发投入主要是开发人员的薪酬、房屋租赁费用、带宽费用等，按照公司研发控制体系和会计核算体系，可以进行可靠计量和独立核算。归属于该项目开发阶段的支出能够可靠计量。

小兵评析 ▶

根据统计我们看得很清楚，在 2016 年之后就完全没有研发费用资本化的案例，而 2016 年仅有的资本化案例还有暴风影音这种特殊的情形。关于研发费用资本化，应该是非常好的一项会计政策，可以改善研发投入较大企业的很多财务数据和指标，关于这个问题可以参见《IPO 财务核查解决之道：案例剖析与操作指引》。

但是，这个问题看起来美好，另外一面也足够惊悚，那就是对于研发费用投入较大的企业，通过资本化进行业绩调节也是神不知鬼不觉并且是轻松加愉快的。我们一直强调，软件企业 IPO 业绩规模普遍不高，研发费用稍微调整一下资本化政策，对于净利润的影响就很大。另外，资本化政策没有统一的标准，相同的行业类似的企业可以采取完全不同的政策，这也导致财务数据在不同的企业之间失去了可比性。

十一、研发能力的论述

在 IPO 申报文件中，发行人需要对企业经营的各个方面作出界定和自我说明，如行业地位、客户资源、产业链环境、研发能力等。我们一直在讲，软件企业就是以软件开发为主营业务，而研发能力是软件企业最重要的一个考核指标，那么研发能力该如何证明呢?

发行人在对某个观点进行自我论证和说明的时候，能用定量分析的就不要用定性分析，有的时候不着边际地说了几千字，不如一个图表甚至一个指标来得具体实在具有说服力。这不单单是论证研发能力，其实对任何信息披露的工作都是适用的。如何用平实朴素的语言，按照投行中介的思维将某些内容描述清楚，这对投行人员来说是一种素养和技能。

如何论证研发能力，自然是从研发人员构成、研发机构设置，更重要的是从研发投入的金额和构成方面来论述。如果一个企业研发人员只有几名且学历背景不够突出，研发设备很少，每年的研发投入不足 100 万元，这个时候就算发行人用再大的力气来论证自我的研发能力和产品的高端技术含量，都是不具备说服力的。不单是软件行业，对于任何一个行业中的企业，在论证某一方面的竞争优势的时候，都需要有理有据，有充分的数据支撑，而不是模棱两可地自圆其说。

案例 15　北京盈建科软件股份有限公司（暂未上会）反馈意见

关于发行人所属行业内的竞争格局和主要企业情况。招股说明书披露，发行人竞争对手包括建研科技股份有限公司、北京探索者软件股份有限公司、深圳市广厦软件有限公司、上海佳构软件科技有限公司、MIDAS Information Technology Co.，Ltd.、COMPUTERS & STRUCTURES，INC.、深圳市斯维尔科技股份有限公司、洛阳众智软件科技股份有限公司、洛阳鸿业信息科技股份有限公司。请发行人代表说明：（1）结合发行人与竞争对手的业务关联度、产品或服务竞争状况、客户重叠情况等方面，选取上述公司作为竞争对手分析的原因及合理性，进一步说明发行人的主要产品在技术、价格、服务等方面与竞争对手产品的比较优势，同时进一步核实是否完整、准确地披露了行业内的主要企业，并补充披露行业内竞争的详细情况，各细分领域国内外参与竞争企业的数量，行业内主要企业的基本情况，包括技术水平、产值、收入等信息。(2）发行人所处细分行业及上下游行业的基本情况，包括行业规模、主要公司、发展模式及特点、技术水平、竞争状况、产品情况等。(3）结合国内主要竞争对手的研发、技术水平、产品质量等情况，补充披露发行人核心技术的竞争优势及其先进性；发行人核心技术是否存在被近年国际、国内市场上其他技术替代、淘汰的风险，如存在，请做重大事项提示。请保荐机构、律师核查并发表意见。

小兵评析 ▶

关于研发能力和竞争优势的论证，有一句话还真是至理名言：越缺少什么，越刻意想证明什么。关于发行人对于研发费用的论述，除了堆砌一些科技术语和一些宣传性的语言之外，还可以通过以下的方式论证企业的竞争力：一个是将发行人自我界定在一个竞争力很强的行业范围内，发行人属于这个行业自然也是好的企业。另一个就是在论证竞争对手的时候列示了很多知名的企业，既然这些企业都是发行人的竞争对手，那么发行人肯定也是好的企业。本案例发行人就存在这种情形，当然问询意见关注的点也很直接：你说这些优秀的企业是你的直接竞争对手，那你说你到底跟人家拿什么竞争?

案例 16 北京品恩科技股份有限公司（未过会）发审会问询问题

申请文件显示，截至 2016 年年末，发行人的研发设备净值为 280.70 万元，其中电脑的净值为 9.22 万元，服务器的净值为 154.51 万元，其他研发设备的净值为 123.98 万元；同时，发行人享受软件企业增值税即征即退政策，对于发行人销售的自行开发生产的软件产品，按 17% 的法定税率征收增值税后，对税负超过 3% 的部分即征即退，报告期内 3 年，发行人收到的增值税返还金额分别为 363.25 万元、1273.65 万元、1207.50 万元。请发行人代表说明：与前述增值税返还金额对应的由其自行开发生产的软件产品的销售收入的具体数额，并解释其利用前述有限的研发设备进行大量软件开发的现实可行性。请保荐代表人就发行人本次发行的信息披露是否真实以及是否存在税务违法行为发表核查意见。

小兵评析 ▶

这个问题还是很有意思的，总结得再直白一些就是，你就那么点研发设备，怎么就能自主研发出那么多产品来，然后就能取得那么多增值税退税，尤其是 2015 年和 2016 年金额大幅增加。

第五章

汽车零部件行业 IPO 审核要点

Chapter 5

汽车零部件行业在上市公司中占据非常重要的份额，是不可忽视的一个重要板块。截至 2019 年 12 月 31 日，汽车零部件上市公司共有 135 家，占 A 股总数约 3.59%。显然，这个行业的发展趋势是跟汽车的保有量以及增长速度直接正相关的，这些年汽车行业快速增长不只积累了足够规模的存量，同时稳定的增量给了零部件行业更多的发展空间。截至 2018 年年底，中国汽车保有量约 24,028 万辆（数据来源：公安部）。现有的市场容量足够大，未来的发展空间足够广阔，这样的行业显然是资本市场最受欢迎的行业之一。

IPO 审核有一个流行的观点就是：处于好的行业不代表企业就好，不好的行业同样也有好的企业。当然，我们必须要承认一个好的行业是由无数个好的企业组成的，好的行业同样也更有机会催生出更多好的企业。但是，我们也要明白，同样处于一个行业的企业，因为具体的产品品种、经营模式、经营策略的不同也会存在明显的差异。

汽车零部件行业是一个很大的产业，产品也涉及很多的类型和型号，根据已有的案例，行业根据产品类型和客户类型可以做简单划分。按照产品类型可以简单分成核心零部件企业（制动系统、安全系统、发动机系统等）和非核心零部件企业（如内饰系统、电子系统、外观等），按照客户类别可以分为整车客户和售后市场客户。

尽管上述分类非常简单粗暴，至少可以将行业做一个简单的划分，而这样简单的区分可以在实践中帮助我们消除一些疑惑，对企业作出最基本的判断。核心零部件企业的市场地位和实现的毛利率显然是要更高的，甚至达到 50% 也是合理的符合市场竞争规律的。尽管售后市场客户更多、需求更大，但是整车市场可能代表的技术水平和要求更高。因而，我们在分析这个行业的发行人的时候，首先要对企业的业务进行一个准确的定位，不然分析的结论可能就会有很大的差异。

一、同业竞争

在 IPO 审核问题上，我们对于同业竞争问题已经很熟悉了，对于如何解决同业竞争问题也已经没有任何争议，这个小兵已经说过很多次。不过，对于如何认定构成同业竞争或潜在同业竞争，哪些具体情形和因素会导致同业竞争，哪些行业或者哪些状况会增加认定同业竞争的可能，实践中有一些争议，我们也有做一些探讨的必要。同样，这也是我们区分不同行业研究一些 IPO 审核问题的价值所在。

我们分析汽车零部件行业的案例可以发现，这个行业的发行人在进行 IPO 审核的时候，普遍会关注到同业竞争的问题，这具有怎样的内在逻辑和原因呢？小兵简要总结起来，主要有以下几个原因：（1）汽车零部件企业从开始发展到逐渐发展壮大会有一个相对漫长的过程，在这个发展的过程中可能会进行不同的运营主体和主营产品的尝试。因为一些历史原因，实际控制人可能会采取多家主体运行不同业务。（2）前面提到，汽车零部件行业是一个市场容量和产品类别绝对广阔和丰富的行业，产品种类繁多，我们在认定同业竞争的时候坚持的一个基本原则就是：在一个大的竞争行业里认定是否存在同业竞争。汽车零部件产品种类繁多，因而更容易存在同业竞争的情形。（3）汽车零部件企业的客户一般都会分布在国内和国外，并且存在境内和境外有不同的主体分别经营的情形，这就可能构成潜在同业竞争但是业务整合难度又很大的情况，这种情况下也需要对是否需要整合作出充分论证。

案例 1　上海通领汽车科技股份有限公司（未过会）发审会问询问题

发行人第一大股东江德生控制的智达复合、金智达、天津金智达和广州金智达等企业均从事汽车内饰生产相关业务。请发行人代表说明：

发行人与江德生控制的上述企业是否存在同业竞争或利益冲突等情况。请保荐代表人说明核查程序和方法，发表明确核查意见。

附：公开披露信息

截至本招股说明书签署日，公司董事、总经理、持股5%以上的股东江德生控制的企业情况如下（见表19）：

表19　江德生控制的企业情况

企业	主要股东持股比例	实际从事业务
智达复合	江德生持有62%股权并担任董事长	汽车复合材料的生产、销售
金智达	江德生持有12.4%股权并担任董事长； 智达复合持有80%股权	汽车复合材料的生产、销售
金智达（天津）复合材料科技有限公司	金智达持有100%股权，江德生担任执行董事	尚未开展实际经营，未来拟从事汽车复合材料的生产、销售
广州金智达汽车零部件有限公司	金智达持有40%股权	汽车复合材料的生产、销售
上海绍日新材料科技有限公司	江德生持有78%股权	尚未开展实际经营业务，未来拟从事高科技新型材料的研发、生产和销售
嘉兴交筹投资管理合伙企业（有限合伙）	江德生持有40%份额并担任执行事务合伙人	投资

智达复合与公司各自设立，智达复合为公司前身通领有限成立时的股东，持有通领有限20%的注册资本；2013年，智达复合向通领有限增资114.4165万元，占通领有限注册资本的11.4416%；2014年，智达复合将其持有的通领有限11.4416%注册资本转让给江德生，江德生同为两公司的股东，除上述情形外，智达复合与公司的历史沿革各自独立，其与公司之间不存在股权代持、股权交叉的情形。

智达复合主要从事汽车复合材料的生产与销售，在原材料、生产工艺、产品类型、产品功能、客户类型与公司均不相同，智达复合的主要客户与公司前十大客户（非同一控制合并口径）存在1家重叠，为埃驰（上海）汽车零部件技术有限公司。智达复合主要向埃驰（上海）汽车零部件技术有限公司销售门板复合面料；公司主要向其销售汽车门板饰条、汽车中控台、汽车仪表板饰条、汽车副司机侧板总成、模具等，智达复合与公司对同一客户的销售产品完全不同。

金智达主要从事汽车复合材料的生产与销售，金智达在原材料、生产工艺、产品类型、产品功能等方面与公司均不相同，报告期内，金智达的主要客户与公司前十大客户不存在重叠。

小兵评析 ▶

发行人尽管没有将第一大股东认定为实际控制人，但是还是重点关注了是否存在同业竞争的问题，或者说不一定就是同业竞争的问题而更加关注是否存在利益冲突的情形。不只如此，第一大股东控制的智达复合不仅经营范围和业务与发行人相同，而且曾经持有发行人20%的股份，甚至还与发行人存在客户和供应商重合的情形。

案例2 南通超达装备股份有限公司（未过会）发审会问询问题

报告期内，发行人实际控制人冯建军近亲属冯建国、冯宏亮控股的苏州宏阳宇模具、威震天机械经营范围与发行人相同或相似，且存在重合客户。请发行人代表说明：（1）上述2家公司与发行人是否存在同业竞争或利益输送的情形；（2）在冯建国、冯宏亮拒绝提供任何资料的情况下，关于“宏阳宇模具、威震天机械人员、资产、产能、出口规模等远小于超达装备”的结论是否准确、依据是否充分。请保荐代表人说明核查依据、过程并发表明确核查意见。

小兵评析 ▶

关于亲属同业竞争问题，目前的 IPO 审核已经给出了基本的审核标准，当然还是有很多的特定因素需要根据实际情况去判断。从小兵的角度来说，目前对于亲属同业竞争问题的审核标准还是宽容了很多，允许自我证明和解释，在某些情况下，一些模糊的地带也基本上得到了认可。只是对于本案例发行人来说，可能是过于特殊，导致整个问题显得格外明显。具体来说：（1）发行人本身业绩规模就不大，且存在很多不规范问题，财务真实性存在疑问；（2）发行人与亲属控制的企业存在客户和供应商重合的情况；（3）亲属拒绝提供任何调查资料，发行人解释不存在同业竞争的结论没有确定依据；（4）什么叫作关系恶化，没有一个量化的标准。

二、毛利率

关于行业的毛利率水平，我们专门做了一个简单的统计，行业最高的毛利率可以超过 50%，而最低的不足 10%。具体情况如下（见图 1）：

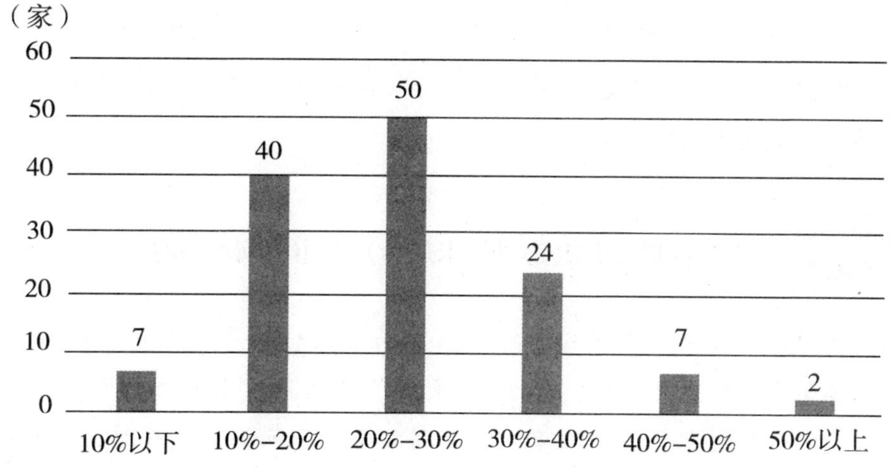

（数据来源：Wind资讯）

图 1　2018 年汽车零部件上市公司毛利率分布图

毛利率出现如此大差异，本质上就是因为每个企业的产品结构不同。因为汽车零部件是一个非常大的市场，产品种类非常繁多，小兵也一直强调尽管都是汽车零部件，但是具体的产品和客户差异还是非常大的。产品具体型号、产品应用客户、产品品质层次、产品技术含量等因素不同，都有可能导致毛利率水平不同。当然，不只是汽车零部件行业，其实很多行业都会存在这个问题，甚至存在一个行业不同企业毛利率差异好几倍的情形，这在实践中都有可能是合理并且真实的。

显然，核心零部件的企业一般市场竞争力强，毛利率一般也更高。在同等业绩规模情况下，核心零部件企业通过 IPO 审核的可能性远远高于非核心零部件企业。对于毛利率较低的非核心零部件企业来说，收入和净利润的规模成为最重要的考量指标。

还有一个新的思路也跟大家分享一下，目前 IPO 审核还会关注毛利率和研发费用的逻辑关系。从某种意义上来讲，发行人的毛利率比别人高，那么应该是发行人的产品技术含量高、市场竞争力明显、客户满意度高等因素导致的。这种情况下，一般发行人都需要更高的研发投入来保持竞争力。如果发行人的毛利率比同行业高很多，而研发费用却要比同行业低很多，这种情况不是不可能，而是需要重点关注。当然，实践中我们也可以看到这个逻辑关系可能存在但是并不牢固，很容易就会被打破并且重构为新的逻辑关系。

案例 3 雪龙集团股份有限公司（未过会）发审会问询问题

发行人报告期毛利率和净利率明显高于同行业可比上市公司水平，且总体呈现持续上升趋势，发行人的研发费用占比低于同行业可比公司。请发行人代表说明：高毛利率、高净利率形成的原因及合理性，是否存在实际控制人及其关联方代为承担成本费用的情形。请保荐代表人说明核查方法、依据，并发表明确核查意见。

附：公开披露信息

发行人与同行业可比公司毛利率对比情况（见表20）：

表20 毛利率对比情况

证券代码	公司名称	2017年1-6月	2016年度	2015年度	2014年度
603040.SH	新坐标	64.01%	65.11%	70.02%	72.21%
603788.SH	宁波高发	—	31.93%	37.35%	39.86%
300391.SZ	康跃科技	30.67%	32.55%	33.50%	36.72%
603266.SH	宁波天龙	—	—	31.80%	35.06%
平均值		47.34%	43.20%	43.17%	45.96%
本公司		61.99%	58.28%	56.96%	57.25%

报告期内，发行人研发费用投入情况（见表21）：

表21 研发费用投入情况

单位：万元

项目	2017年1-6月	2016年度	2015年度	2014年度
材料费用	299.18	454.72	403.50	353.16
职工薪酬	254.47	553.80	483.84	508.88
折旧费	29.43	59.65	75.62	86.73
其他	8.38	79.49	117.00	135.96
研发费用合计	591.47	1147.67	1079.96	1084.72
营业收入（万元）	17,053.41	28,409.71	22,305.25	24,562.25
研发费用占营业收入比重（%）	3.47	4.04	4.84	4.42

小兵评析 ▶

汽车零配件企业具体的产品和客户差异还是非常大的。这种情况下，毛利率跟研发费用不一定会存在必然的逻辑关系。另外，如果有的发行人在前期（报告期外）加大研发投入，积累了很多的技术成果，后面在报告期内的研发投入少了一些，也不代表发行人技术能力不突出。关于毛利率问题，这个行业虽然有的企业不足10%，但是发行人能够实现60%的毛利率也可能是合理存在的。

案例4　上海通领汽车科技股份有限公司（未过会）发审会问询问题

发行人报告期间营业收入持续增加，但毛利率下降，营业利润逐年下滑，且经营活动现金流量净额变动幅度较大。请发行人代表说明：（1）毛利率下降的原因，持续盈利能力是否存在重大不确定性；（2）发行人毛利率变动趋势与行业可比公司毛利率变动趋势不一致的原因及合理性。请保荐代表人说明核查程序和方法，发表明确核查意见。

附：公开披露信息

报告期内，公司主营业务毛利率情况如下（见表22）：

表22　报告期内发行人主营业务毛利率情况

项　　目	2017年1-6月	2016年度	2015年度	2014年度
汽车饰件毛利率（%）	24.11	20.93	25.71	29.20
模具毛利率（%）	48.83	33.51	45.23	41.81
主营业务毛利率（%）	25.21	22.35	27.86	29.80
综合毛利率（%）	25.18	22.32	27.83	29.77

表23　报告期内发行人与行业可比公司综合毛利率情况

公司名称	宁波华翔	双林股份	钧达股份	继峰股份	平均值	通领科技
2014年度	21.39	27.15	24.47	38.70	27.93	29.80
2015年度	18.03	26.05	24.12	36.40	26.15	27.86
2016年度	21.46	27.69	24.80	36.31	27.57	22.35
2017年1-6月	18.58	24.91	25.95	35.60	26.26	25.21

注：截至本招股说明书签署日，以上数据源于各上市公司2014年、2015年、2016年度报告及2017年半年度报告。

小兵评析 ▶

这个案例跟上一个案例有着很明显的对比。发行人主要产品为汽车内饰件，产品主要包括汽车门板饰条总成、汽车仪表板饰条总成、汽车中央控制台总成等。内饰相关业务的技术含量和要求可能没有其他业务要求那么高，不过发行人的客户基本上都是整车厂商并且都是知名的品牌汽车企业，这一点对于发行人来说是一个不错的加分项。

发行人报告期内营业收入是持续增加的，从 4 亿元增加至 6 亿元，但是净利润却呈下降趋势，主要原因是毛利率持续下降。发行人的综合毛利率从 2014 年的 29.77% 直接下降到 2016 年的 22.32%，这样的下降幅度还是非常大的。

我们再去细致分析发行人毛利率下降的原因：发行人产品销售价格是逐年提高的，那么只能说发行人的产品单位成本提高得非常快，如果发行人解释的新增的项目和产能前期成本会比较高的理由是合理的，那这个问题倒也可以解释。从另外一个角度，也可以说明发行人 2015 年毛利率又恢复到 25% 的水平。但是，如果发行人解释的关于新增项目的问题并不足以解释毛利率变动的问题，且发行人 2016 年毛利率大幅下降有更深层次的因素，那么发行人 2017 年毛利率能快速反弹，是需要重点关注的。

案例 5　国安达股份有限公司（未过会）发审会问询问题

报告期内发行人经销与直销并举，经销收入占比较高，综合毛利率较高且显著高于同行业公司。请发行人代表说明：（1）2015 年度发行人直销比例为经销收入占比的两倍，2016 年、2017 年经销占比与直销占比基本持平的原因；（2）毛利率显著高于同行业公司的原因及合理性；（3）产品销售模式是否发生重大变化以及对发行人生产经营的影响；（4）报告期内前五大客户在发行人销售中的占比情况。请保荐代表人说明核查方法、过程、依据并发表核查意见。

附：公开披露信息

表 24　报告期内发行人综合毛利率情况

项目	2017 年度	2016 年度	2015 年度
营业收入（万元）	19,195.06	16,872.83	12,390.12
营业成本（万元）	8339.51	6966.65	5462.86
毛利总额（万元）	10,855.55	9906.19	6927.25
综合毛利率	56.55%	58.71%	55.91%

表 25　报告期内发行人及同行业公司综合业务毛利率情况

项目	2017 年度	2016 年度	2015 年度
坚瑞沃能（300116.SZ）	—	25.40%	29.30%
威特龙（833664.OC）	—	37.10%	38.24%
天广中茂（002509.SZ）	—	31.81%	32.48%
平均值	—	31.44%	33.34%
本公司	56.55%	58.71%	55.91%

小兵评析 ▶

小兵说过，毛利率会因产品差异而有所不同，但是发行人能实现接近 60% 的毛利率，且远远超过同行业一倍，这也是有点不符合常理的。

发行人是国内新能源汽车电池箱、客车发动机舱自动灭火装置的主要供应商。发行人这样的产品，除非是首创或者技术超级领先，不然同行业也不会允许有这么高的毛利率。此外，从销售模式上来讲，发行人经销的比例有了大幅提高，销售模式变化对毛利率影响以及收入真实性的影响值得关注。

三、客户集中

对于汽车零部件企业来说，如果产品主要针对售后市场，客户主要就是维修机构或者贸易商，也会存在直接与品牌厂商 4S 店合作的情形，不过这种模式下客户集中并不是那么明显。如果产品主要面对的是整车厂客户，一般就会存在明显的客户集中的问题，原因主要就是整车厂对于供应商的研发能力、资质认定、生产能力、交货期限都有着严格的限制，一个供应商很难向多家客户提供优质服务，只能是集中几家提供服务。

从另外一个层次来说，汽车零部件行业是一个非常大的行业，也是一个产业链很长的行业，可以做很多的切割和区分。在这个产业链里，整车厂商显然是最有话语权的，他们对于供应商制定严格的筛选标准和流程。同样，他们也依赖供应商的产品和控制体系，一旦选定了供应商体系，也不会轻易改变。从这个角度来讲，某些情况下汽车零配件行业的发行人，对于下游某些客户的销售占比比较高也是可以理解的，是符合行业竞争规律的。

案例 6　南通冠东模塑股份有限公司（未过会）发审会问询问题

报告期内，发行人前五大客户销售集中度较高，尤其是第一大客户上海小糸的销售收入占发行人当期营业收入的比例较高。同时，上海小糸和海拉控股及其相关关联方也是发行人主要供应商。请发行人代表说明：(1) 与上海小糸、海拉控股合作的商业合理性，合同主要内容、交易金额、定价依据，生产经营是否对其存在重大依赖；(2) 发行人与上海小糸及其关联企业的交易，在上海小糸及其关联企业同类业务的占比及变化趋势；(3) 发行人部分注塑件和线束件的部分工序需根据包括上海小糸等客户的要求，指定其认可的外协厂商进行生产的商业合理性；(4) 报告期内对上海小糸精密注塑件销售数量逐年上升，但销售收入逐年下降的原因及合理性；(5) 上海小糸的股权变动对发行人业务合作可能产生的影响；(6) 2017 年 3 月 28 日发行人与上海小糸《采购协议》的有效期到期后继续开展合作是否存在风险。请保荐代表人说明核查方法、依据，并发表明确核查意见。

附：公开披露信息摘要

2014 年至 2017 年 1－6 月，公司前五名客户的合计销售收入占营业收入的比例分别为 91.35%、89.93%、88.22%和 84.78%。

报告期内，公司对单一客户上海小糸的销售收入占营业收入的比例分别为 69.11%、65.48%、57.34%和 49.29%，占比较高的原因如下：（1）上海小糸的市场份额位于国内前列；（2）汽车零部件行业惯例所致；（3）公司自设立初期即与上海小糸建立合作关系，多年来共同成长；（4）公司的产品特性和产能利用优先满足大客户；（5）公司出于谨慎性原则进行合并导致对上海小糸销售占比较高。

发行人对第一大客户上海小糸的销售占比逐年下滑的原因：（1）精密注塑件和精密模具销售较为稳定，线束产品销售有所下滑；（2）发行人向汽车产业链上游延伸，整车客户销售占比提升；（3）产能利用优先满足高单价、高毛利产品订单；（4）上海小糸积极拓展业务，发行人稳健跟进。

小兵评析 ▶

发行人核心产品是照明灯的配件，上海小糸是很多著名汽车整车企业灯具的供应商，在市场上有很强的竞争地位，那么发行人向上海小糸销售规模占比比较大，从基本的商业逻辑上也是可以理解的。更重要的是，发行人报告期内不论是向前五大客户还是向上海小糸的销售占比都呈下降趋势，最后一期对小糸的销售占比已经下降到 50%以下。

发行人显然也知道这个问题的重要性，用了很大的篇幅解释了这个问题，同时重点解释了发行人与上海小糸合作的历史、合作的具体过程、合作协议的签署期限以及后续合作情况，并且还关注到上海小糸在股权变动成为华域汽车的全资子公司之后，是否还会与发行人持续合作的问题。从小兵的角度来看，发行人的很多解释还是值得相信的，简单来看大客户依赖这个问题，也不是发行人 IPO 最本质的障碍。

案例 7　浙江力邦合信智能制动系统股份有限公司（未过会）发审会问询问题

2015 年至 2018 年 1－6 月，发行人对众泰汽车及其授权厂商的合计销售收入占当期营业收入的比例依次为 46.40%、48.18%、37.12% 和 40.78%，相对比较集中。请发行人代表说明：(1) 结合汽车行业供应商体系管理、发行人自身技术及经营能力，说明是否对众泰及其授权厂商存在重大依赖；(2) 说明报告期内众泰及其授权厂商的销量情况、公司配套占比情况；(3) 结合国内乘用车市场竞争格局及市场变化，说明众泰等发行人客户的可持续经营能力；(4) 说明对奇瑞汽车、吉利汽车等众多自有品牌汽车的供应体系和销售情况。请保荐代表人说明核查依据、过程并发表明确核查意见。

小兵评析 ▶

关于行业客户集中的情形，一般情况下，发行人会有一个大客户销售占比在 30% 左右，然后还有几个长期合作的战略客户，前五名客户销售一般占到 60% 左右。本案例发行人前五名客户的销售占比最高是 76%，最后一年已经下降至 59%，但是对第一大客户众泰汽车销售占比超过 40%，且没有大幅下滑的趋势，这确实是高了一些，不过也没有超过 50% 的审核红线，也算一个自主判断的问题。

从基本规则来说，发行人的客户结构符合行业特征，同时也不违反基本的审核规则，不存在实质问题。如果真要说问题，应该是众泰汽车是国内的汽车厂商，可能知名度和市场竞争力没有那么高，可信度也没有那么高。客户的性质可能会间接反映发行人的问题：(1) 对供应商的体系控制是否严格，与发行人合作是不是长期的；(2) 对发行人的产品品质要求是否跟合资厂商一样高；(3) 客户本身的发展是否也存在一些问题，是否也面临激烈竞争，从而影响跟发行人的合作。

最后，审核过程中还关注到一个比较重要的点：既然发行人客户主要针对国内知名汽车厂商，那么奇瑞和吉利作为国内厂商最杰出代表，为什么发行人没有与其进行大规模合作？是不是因为他们的供应商体系要求更高，发行人很难有机会？所以，我们在信息披露的时候，千万不要想得太简单粗暴，不然很容易就被“两头堵”夹在中间骑虎难下。

四、外协加工

外协加工这种模式，不论对于企业具体经营模式的理解，还是对于IPO 审核关注问题的考量，都是非常普遍且不陌生的一个话题。同样，委托加工这种模式也不是汽车零部件行业所特有的，只是这个行业存在委托加工的情形会稍微多一些。

为什么会出现这种情况？原因在于：（1）发行人将更多资源放在核心产品的研发上，对一些不重要的环节和产品进行委托加工；（2）下游客户对交货期有严格的要求，在某些时间段为了赶工期需要委托加工；（3）汽车零部件产业链很长，分工越来越精细，委托加工也是产业化分工的一个产物，可以更好地提高生产效率，是企业自我选择和调整的一个结果。

关于委托加工的具体财务处理和关注事项，这里就不再详细说明了。如果我们在研究汽车零部件行业遇到委托加工问题，主要关注委托加工的内容、价格是否合理、是否存在垫付费用的情形，是否存在通过委托加工进行利益输送或者调节业绩的情形。此外，还要关注委托加工金额和占比很高是否会影响到发行人业务的独立性问题，比如主要以 ODM 作为经营模式的企业委托加工占比很高的情形。

案例 8 浙江捷众科技股份有限公司（未过会）发审会问询问题

发行人报告期外协采购的金额占主营业务成本的比重较高，且报告期内发行人产品销售单价逐年增加，而外协加工件采购单价逐年下滑。请发行人代表结合外协厂商的定价模式、价格、产品构成、外协厂商同种类型部件对外销售的价格说明：（1）产品销售单价与外协加工件采购单价变化趋势不一致的原因；（2）在 2016 年下半年及 2017 年上半年金属材料价格大幅上升情况下，外协部件采购单价却未上升原因及其合理性；（3）发行人与主要外协加工厂商是否存在利益输送和特殊利益安排，成本费用是否真实、准确、完整入账，是否存在由实际控制人及其他关联方为发行人垫付成本费用的情形。请保荐代表人说明核查方法、依据，并发表明确核查意见。

小兵评析 ▶

报告期内，尽管发行人外协采购的金额持续下降，不过最高 6000 万元的金额对于发行人本身的业绩规模来说，还是稍微大了一些，也会更加被关注一些，更何况发行人的外协加工还是采用的一种特殊的模式。这种外协加工的模式就是发行人将部分原材料销售给外协商，外协完毕之后再销售给发行人，发行人还用了各种理由去解释这种采购和销售本质上不属于委托加工的情形。当然，现在这样的情形已经非常明确，就是需要按照委托加工进行会计处理。

发行人不仅有采购和销售的外协加工，还存在直接购买外协的产成品进行销售的情形，这个每年大概有 2000 万元的销售规模，这对于发行人本身的净利润规模同样是个不小的金额。此外，发行人还注销了一些原本存在关联关系的外协商，这些外协商注销之前与发行人的相关业务合作是否能够真正核查清楚，也是值得格外关注的。

最后，发行人的毛利率水平也与同行业变动趋势不一致，同时结合发行人与外协商业务合作有很多违反基本商业逻辑的情形，自然会被关注到这样的外协合作是否存在利益操纵的情形。

案例 9 南通冠东模塑股份有限公司（未过会）发审会问询问题

报告期内，发行人部分喷漆镀铝、电镀等生产工序逐步以自主生产取代外协加工，自主生产成本明显高于单位外协成本。请发行人代表说明：(1) 发行人逐步用自主生产取代外协加工的合理性；(2) 是否具备《电镀许可证》等相关资质，上述工序的生产过程是否符合环保相关规定；(3) 因环保要求导致上述工序自主生产成本较高的原因。请保荐代表人说明核查方法、依据，并发表明确核查意见。

小兵评析 ▶

这种情况逻辑上确实存在一些问题，而实践中真实情况可能是这样的：(1) 发行人原来将某些工序委托给外协企业进行加工，而这些外协企业可能是没有资质或者不符合环保要求的；(2) 为了进一步规范，发行人将外协业务变更为自主加工，这种情况下规范成本会提高，因而看起来就是自主生产成本要比外协成本还要高，高出来的就是规范成本；(3) 实践中比较纠结的就是，要不要承认以前的外协加工是不规范的，如果是不规范的，那么这样的经营是否合规。

五、产品定价

IPO 审核很关心一个问题，那就是一个企业产品的销售价格到底是怎么确定的？事实上，发行人很难用一个标准把这个问题说明白。发行人可以说是按照市场规则协商定价，但到底根据什么协商，谁也说不清楚。IPO 审核又关注这个问题，于是发行人就常常把“成本加成”作为基本定价原则。其实，发行人是不是真的如此操作不得而知，但至少这种定价原则是一种怎么说都不会犯错误的说法。

关于产品定价，显然跟企业的市场地位和竞争优势有着直接的关系，因而小兵一直坚持企业的市场地位跟定价话语权是直接相关的，甚至可以画等号。如果一个企业很强势，可以直接确定产品销售价格，而客户只能被动接受；如果一个企业没有竞争地位，那就只能被动接受客户提出的价格，在这种情况下，发行人要实现较高的毛利率几乎是不可能的。

从这个角度来说，到底用什么定价原则，用什么具体模型去确定价格其实并不是最重要的，重要的是发行人在定价的过程中的地位以及话语权。也正是由于这个原因，IPO 审核的过程中会非常关注报告期发行人产品销售价格的波动情况，价格是提高还是降低，波动的原因是外部因素还是内部因素，等等。产品销售价格的波动，能大致反映发行人与客户合作关系是否发生变化，发行人所在行业的竞争环境是否发生重大不利变化等，进而判断发行人是否具备稳定的持续盈利能力。

案例 10　豪能科技（代码：871091）发审会问询问题

请发行人代表说明：公司与客户协商确定产品价格的过程，从公司产品定价及价格走势，公司产品材料配比、成本控制与质量控制等方面与同行业公司的比较情况，进一步分析公司产品定价的合理性和盈利能力的可持续性。请保荐代表人发表核查意见。

附：公开披露信息

1. 主要产品的定价方法和策略

公司产品定价主要参照产品制造成本和期间费用并与客户协商确定产品的实际销售价格。本公司优秀的产品质量使得公司具有一定的议价能力。

2. 主要产品的价格变动情况

发行人的产品主要为铜环、精锻钢环、冲压钢环、齿毂齿套和结合齿。报告期内，发行人主要产品的平均单价及变动率如下（见表 26）：

表 26　平均单价及变动率

单位：元/件

产品名称	2017 年 1－6 月		2016 年度		2015 年度		2014 年度
	平均单价	变动率	平均单价	变动率	平均单价	变动率	平均单价
铜环	9.46	－2.87%	9.74	－2.01%	9.94	－0.60%	10.00
精锻钢环	32.06	4.33%	30.73	－5.59%	32.55	－18.30%	39.84
冲压钢环	14.87	－5.77%	15.78	－6.90%	16.95	－7.73%	18.37
齿毂齿套	40.65	18.76%	34.23	3.48%	33.08	8.28%	30.55
结合齿	16.08	7.77%	14.92	2.54%	14.55	－3.71%	15.11

（1）市场价格变动趋势

国内汽车市场经历了过去十年的快速发展，竞争激烈，现已逐渐转向买方市场。下游整车厂商通过压低零部件采购价格、降低成本的方式来保持自身的竞争优势。因此，各级零部件厂商每年都有降价压力，根据客户的不同，老产品每年会有一定比例的售价下浮，具体降价比例根据商业谈判结果而定。

（2）发行人主要产品价格变动趋势合理性分析

如上所述，发行人铜环、精锻钢环、冲压钢环价格呈现下降趋势，符合市场价格变动趋势。

发行人精锻钢环产品价格 2017 年 1－6 月上升的原因为：部分产品因工艺变化（增加喷钼工序）导致价格有所上涨，同时产品结构变化影响价格波动。

发行人齿毂齿套产品价格逐年上升的原因为：发行人自 2012 年开始生产销售齿毂齿套，市场开拓初期为了培育客户，扩大市场份额，定价相对较低。近年来，发行人不断进行技术研发与改进，因产品质量稳定、服务优良，逐渐树立起良好的品牌形象，与客户建立了紧密的合作关系，进而开拓了新的高端项目市场，新产品的售价高于老产品。

发行人结合齿产品2017年1－6月、2016年价格同比上升的原因为：由于客户需求变化，需要经过热处理工艺的产品增加。

小兵评析 ▶

汽车零部件行业有一个特点，就是原材料占成本的比重很高，原材料价格直接会影响到企业的生产经营。关于发行人产品销售价格的波动，我们首先关注的因素就是：（1）原材料价格波动是否能够很顺畅地向下游传导，是有滞后性还是存在根本障碍。（2）发行人产品价格波动是下游客户对供应商统一的政策还是差别对待，说白了是大家一起降价还是你被针对了。（3）发行人产品价格波动是否符合行业变动趋势，价格波动与信用周期、供货数量、供应商体系是否存在关联等。报告期内发行人产品销售价格存在波动是正常的，但是本案例发行人很多产品的销售价格报告期内一直下降，那必然会被关注到后续销售是否稳定进而影响持续盈利能力。

案例 11 文灿股份（代码：603348）发审会问询问题

发行人与主要客户签订合约时存在例行降价条款。请发行人代表说明：(1) 例行降价条款的执行对发行人经营业绩的影响；(2) 在存在例行降价条款情形下能够保持收入和毛利率增长的原因及其合理性。请保荐代表人说明核查方法、程序，并发表核查意见。

附：公开披露信息

公司前五大集团客户的成立时间、主营业务、实际控制人、定价政策等情况（见表27）：

表 27 五大集团客户相关情况

集团客户名称	成立时间	主营业务	实际控制人/第一大股东	产品定价政策
采埃孚天合（ZFTRW）	2002 年	主营业务为汽车零部件的主动和被动安全相关产品和系统的设计、制造和销售	Zeppelin Foundation	材料价格以公开市场价格为基础，增加原材料加工的附加费用
威伯科（WABCO）	1869 年	全球领先的商用车安全和效率控制系统供应商，主要负责为世界领先的商用卡车、客车和挂车制造商提供制动、稳定控制和自动变速控制产品和系统	The Vanguard Group	产品价格将每年按一定比例调减，其中原材料价格以公开市场价格为基础，增加原材料加工的附加费用
法雷奥（VALEO）	1923 年	知名汽车零部件供应商，致力于汽车零部件、集成系统和模块的设计、生产及销售的独立集团	BlackRock Inc.	在初次报价基础上，产品实现量产后价格将每年按一定比例调减，其中原材料价格以公开市场价格为基础，增加原材料加工的附加费用
格特拉克（GETRAG）	1935 年	乘用车和轻型商用车传动系统世界领先供应商，主要提供多种传动产品，其中包括手动变速器、双离合变速器及其混合动力升级版本以及电驱动传动系统等，同时为前驱、后驱以及全驱系统提供横向前置、直列式以及驱动桥集成式纵置等不同应用	Royal Bank of Canada	除东风格特拉克产品价格按已协定的价格不受原材料、零部件等成本增加的影响，其余格特拉克子公司价格中原材料价格按市场价格为基础，产品单价每年按照一定比例调减
长城汽车	2001 年	公司主营业务为汽车整车及汽车零部件的研发、生产及销售	魏建军	产品价格依据双方每年签订的《价格通知单》，价格为不含增值税入库单位，其中包括包装费和运输费用等

续表

集团客户名称	成立时间	主营业务	实际控制人/第一大股东	产品定价政策
特斯拉（TESLA）	2003 年	特斯拉主要从事纯电动汽车的设计、制造和销售，也向第三方提供电动汽车动力系统的研究开发和代工生产服务，其产品涵盖跑车以及其他大众型车辆	Elon R. Musk	采购单价在采购订单中阐明，除非在其中另有说明，在采购订单的持续期内是一个固定的价格，并不考虑任何原因增加价格，包括增加的原材料成本，增加的人工或其他制造成本，增加的开发成本，需求量或评估的预期的项目周期的变更
大众	1937 年	大众主要从事经济型和豪华型汽车、跑车、卡车和商用车的设计、制造和销售	Porsche Automobil Holding SE	产品单价在协议中阐明，是指运费已付的价格，并包括供应商就其履行协议义务而已支付或产生的所有费用（包括包装费用和交付费用）。除此以外，大众不负责供应商在产品的设计、开发、生产和交付产生的任何金额

小兵评析 ▶

关于例行降价条款，公开资料并没有做太多的披露，小兵问了度娘也没有更多的结果。关于这个条款，可能在商业合作中是一种惯例，但是并没有形成一般共识。从结果来看，这个问题并没有构成 IPO 实质性障碍，不过自然会被关注例行降价的触发条件，是不是无条件一直降价，是否影响发行人生产经营。如果是例行涨价条款，那可能就没这么多问题了。

第六章

环保行业 IPO 审核要点

Chapter 6

环保行业对于 IPO 甚至整个资本市场都是非常重要，同时又不乏争议的存在。环保一直都是国家的重要政策，这个行业的企业完全契合国家政策的要求，这个行业的发展自然也有着得天独厚的优势，行业容量很大、发展前景很好。

从另外一个角度来说，环保行业是一个非常大的行业，大到有些没有标准去界定，并且很多环保企业因为政策、行业、竞争关系等各种原因，执行的是一条并不符合基本商业规则的发展路线。在这种情况下，尽管很多环保企业规模足够大，但是也存在很大的依附性，没有足够的市场竞争地位和独立接受市场竞争的能力。因此，最近几年环保行业 IPO 审核的发行人不少，但是审核结果并不理想。

资本市场非常容易创造概念，但是人为制造的概念也同样很快会消失，很多概念从开始酝酿到高潮再到一地鸡毛，不过也就是用了两三年的时间。环保概念十几年前就已经有了，为什么到现在还是这么火爆且不会消退？那是因为我们将环保这个概念、内涵以及外延无限扩大了，从最早的脱硫脱硝到后来的合同能源管理，再到后来的技术改造以及产品改良，等等。

到了现在，环保行业甚至有点妖魔化了，制造瓦楞纸、塑料袋的都可以跟环保光明正大地扯上关系了。比如，塑料袋可以全降解或者用的原材料比别的企业少，也可以是环保概念；造锅炉的因为用的煤炭少是环保的，做包装的因为用的纸张少是环保的，做印刷的因为用的油墨少是环保的。不可否认，我们从不同的角度和细节去认定企业的环保并不是没有道理，不过这样的认定在理解一个产业圈子或者行业维度的时候却没有任何意义，甚至是有害的。

很多环保企业都会打着节能减排、响应国家号召的大环保战略招牌，动不动就是绿水青山、合同能源管理，突破了传统模式、创造了无限社会价值。实践中口号喊得越响的发行人心里可能越虚，对自己的业务和技术没有什么信心，说白了具体业务也确实没有什么太多的技术含量和竞争力，持续稳定的盈利能力更是存在不确定性。这样的一个基本逻辑，是我们在论证环保行业 IPO 审核时需要时刻警醒和认识到的。我们不能一看到环保行业就兴奋过度，当然也不是妄自菲薄，需要理性客观地去评价。

总的来说，环保企业在 IPO 审核中，重点关注问题集中在：收入确认、客户变动、业务模式、业务的持续性、回款问题、招投标、业务分包、研发能力和技术水平、政策影响等。

一、收入确认

在实践中，绝大多数环保企业的主营业务不是研发技术和销售产品，而主要以工程施工或者提供配套服务为主，尤其以污水处理、节能减排、能源管理等模式最为典型。

我们分析软件行业的时候，曾专门讨论过收入确认标准的问题，环保行业除了跟软件行业有一些共同之处外，还有一些特殊情况。由于污水、能源等领域的具体管理规则不同，同时不同的客户对于工程验收以及付款条件的要求也千差万别，环保行业的经营现状很大程度上增加了对于收入确认标准的识别和确认依据。除此之外，在环保领域 BOT 模式以及 PPP 模式也是与政府合作的主流模式，如何真正把握这两种模式的本质要求以及对应的具体的收入确认标准和会计处理的细则，是项目实践中需要系统考虑的一个问题。

案例 1　三达膜环境技术股份有限公司（未过会）发审会问询问题

发行人按照实际污水处理量、基本水量孰高的原则确认污水处理收入。请发行人代表说明：（1）按照基本水量确认收入，客户是否履行了其内部审议程序及合法合规性，相关会计处理是否符合会计准则；（2）按照实际处理量和基本水量孰低原则的情况下，模拟计算的收入、成本、净利润情况，并在招股说明书中作出特别风险提示。请保荐代表人说明核查方法、过程、依据并发表核查意见。

附：公开披露信息

报告期内，本公司实际污水处理量和结算量的差异明细如下（见表 28）：

表 28　实际污水处理量和结算量的差异明细

单位：万立方米

项目	实际处理量①	结算量②	差异③ = ① - ②
2015 年	18, 677. 28	24, 116. 99	-5439. 71
2014 年	17, 949. 20	22, 323. 99	-4374. 79
2013 年	16, 076. 48	20, 059. 81	-3983. 33

根据本公司与各地方政府签订的特许经营权协议的约定，各污水处理厂污水处理结算量应按实际处理量与基本水量中孰高原则确认。即当污水处理厂实际处理量低于基本水量时，按基本水量结算；当实际处理量高于基本水量时，则按照实际处理量确认。从实际运行情况来看，本公司运营的单体污水处理厂存在结算量与实际处理量基本持平、结算量小于实际处理量以及结算量大于实际处理量三种情形。

报告期内，在本公司已经正式运营的 27 座污水处理厂中，有 10 家污水处理厂各期大部分时期处理水量接近或略低于基本水量，按照基本水量进行结算；有 4 家污水处理厂存在部分年份实际处理水量大于结算量的情形，主要是由于部分污水处理厂城市管网为雨污合流制，受限于当地设施条件，降雨量过大时雨水将直接流入污水处理厂，导致污水处理厂计量的污水处理量偏大，经当地主管部门与本公司友好协商，双方同意以基本水量作为相关年度的污水处理量进行结算。

本公司运营的其他污水处理厂报告期内实际处理量均小于结算量，主要系因本公司部分经营区域内污水处理市场尚不成熟，相关配套设施尚不完备，导致实际污水供应量较低。因此本公司相应地区污水实际处理量低于基本水量，按照各污水处理厂与主管部门签订的特许经营权协议的约定，此种情形下应按照基本水量结算，从而使本公司部分地区污水处理厂结算量大于实际处理量。

小兵评析 ▶

类似于这种孰高还是孰低确认收益或者收入，或者孰高还是孰低来确认风险或者费用的情况，不论你有如何充足的理由，也不论以前的案例或者同行都是怎么做的，都要按照最坏的结果呈现出来。也就是告诉投资者和监管机构，这个事情最坏的结果就是这样了，不可能再坏了，对企业的影响也全部如实披露。其实这个逻辑很简单：如果最好的结果跟最坏的结果差异不大，那么把最坏的结果告诉别人没有影响。如果两者差异很大，若呈现出来的是最好的结果，那么有可能会引导别人作出错误的判断。

发行人主要是做水处理设备和污水处理工程的，尽管发行人一直在强调实际污水处理量和结算量之间差异很小，但是仍旧没有解释清楚为什么以孰高的原则来确认收入。问询问题也明确指出发行人应当披露以孰低的原则确认收入的相关财务指标的差异情况。

案例 2 北京新水源景科技股份有限公司（未过会）发审会问询问题

报告期内，发行人一次性实施验收项目和分部实施分部验收项目收入构成情况如下（见表 29）：

表 29　一次性实施验收项目和分部实施分部验收项目收入构成情况

项目	2016 年度		2015 年度		2014 年度	
	金额（万元）	比例（%）	金额（万元）	比例（%）	金额（万元）	比例（%）
一次性实施验收项目收入	12,692.10	89.90%	8024.54	65.82%	6637.46	70.42%
分部实施分部验收项目收入	1425.16	10.10%	4166.80	34.18%	2787.44	29.58%
合计	14,117.26	100%	12,191.34	100%	9424.90	100%

请发行人代表说明：（1）一次性实施验收项目和分部实施分部验收项目在合同签订时是否已经约定，如有约定，请发行人代表说明约定和描述方式；（2）一次性实施验收项目和分部实施分部验收项目收入确认取得的内部和外部依据有什么不同；（3）一次性实施验收项目和分部实施分部验收项目应收账款的回收情况有无差异。请保荐代表人说明核查过程和核查结论。

小兵评析 ▶

发行人的主要业务和盈利模式是：发行人联系当地的水利管理部门以及相关部门，以解决水资源的方式拿下工程订单，然后以发行人自己研发的管理软件加上外部集中采购的一些设备设施，建立一个环保节水的工程从而实现盈利。关于收入确认原则问题，在实践中对于同一种业务基本上都会采取一惯性的相同收入确认原则，至于为什么本案例采取了两种方式，从现有的资料无从判断，但理应引起关注。

案例3 博天环境（代码：603603）发审会问询问题

请发行人代表结合水环境解决方案项目的投标方式、合同的约定条款、项目的结算安排等方面进一步说明：（1）EPC和PC总承包方式下收入确认会计处理的主要方式，是否符合行业惯例、企业会计准则的规定；（2）BOT运作模式下收入确认会计处理的主要方式、是否符合行业惯例、企业会计准则的规定。请保荐代表人说明核查意见，并进一步说明在对以完工百分比法确认收入的业务核查中，对完工进度执行的核查程序；报告期内完工项目完工时的毛利率与初始预计毛利率的差异情况；各期合同追加的相关情况，合同追加前后的毛利率变动情况。

附：公开披露信息

1. EPC会计处理方式

一般而言，发行人在与业主签订的EPC总承包协议中，会分项约定设计服务、系统集成和建造安装的合同金额，对于部分合同金额较大的项目在签订总承包协议之外，还会签订单独的《工程设计合同》《设备采购合同》《工程建设合同》《技术服务合同》等，发行人依据分项合同金额区分设计服务（E）、系统集成（P）和建造安装收入（C）。具体的会计处理方式如下：

（1）设计服务（E）

公司根据设计服务合同的约定，在向业主方提交详细设计方案并经对方验收合格，相关的收入已经收到或取得了收款证据时，一次性确认为服务收入。设计服务成本主要包括人工费、咨询费、试验费、服务费、差旅费等。于实际发生时按技术服务项目分别在设计服务成本中归集，于设计服务合同完成确认收入时一并结转营业成本。

（2）系统集成（P）

水处理系统集成设备的销售在已将商品所有权上的主要风险和报酬转移给购货方，并且不再对该商品实施继续管理和控制，与交易相关的经济利益能够流入本公司，相关的收入和成本能够可靠计量时确认销售收入的实现。合同约定公司不承担安装调试责任的：在设备运抵买方指定地点，对设备进行验收并出具设备验收单时，确认为销售的实现。合同约定公司承担安装调试责任的：在设备运抵买方指定地点，安装调试完毕并出具调试验收资料时，确认为销售的实现。

(3) 建造安装 (C)

①合同收入与合同成本的确认原则

在建造合同的结果能够可靠估计的情况下，于资产负债表日按照完工百分比法确认。合同完工进度按累计实际发生的合同成本占合同预计总成本的比例确定。建造合同的结果能够可靠估计是指同时满足：合同总收入能够可靠地计量；与合同相关的经济利益很可能流入企业；实际发生的合同成本能够清楚地区分和可靠地计量；合同完工进度和为完成合同尚需发生的成本能够可靠地确定。如建造合同的结果不能可靠地估计，但合同成本能够收回的，合同收入根据能够收回的实际合同成本予以确认，合同成本在其发生的当期确认为合同费用；合同成本不可能收回的，在发生时立即确认为合同费用，不确认合同收入。使建造合同的结果不能可靠估计的不确定因素不复存在的，按照完工百分比法确定与建造合同有关的收入和费用。

②确定合同完工进度的方法

确认完工进度的方法为：根据累计实际发生的合同成本占合同预计总成本的比例确定。在资产负债表中，应当按照合同总收入乘以完工进度扣除以前会计期间累计已确认收入后的金额，确认为当期合同收入；同时，按照合同预计总成本乘以完工进度扣除以前会计期间累计已确认费用后的金额，确认为当期合同费用。

当期确认的合同收入 = 合同总收入 × 完工进度 − 以前会计年度累计已确认的收入；当期确认的合同费用 = 合同预计总成本 × 完工进度 − 以前会计年度累计已确认的合同费用，当期确认的合同毛利 = (合同总收入 − 合同预计总成本) × 完工进度 − 以前会计年度累计确认的毛利。

③合同预计损失的确认标准和计提方法

公司于每年年度终了，对建造合同进行全面检查，当存在合同预计总成本将超过合同预计总收入时，按该合同预计总成本超过合同预计总收入的差额计提预计损失，公司将预计损失确认为当期费用。

④收入确认的具体方法

建造安装服务一般在报告期末，根据取得业主、监理单位签章确认后的工程结算单，同时施工单位提供验工计价表，由此确认公司应向业主确认的工程款，以及应支付给施工单位的工程款。发行人通过“工程施工”会计科目核算工程承包项目的成本和毛利，其中，归集了工程分包款、材料、人工费、临时设施费、运输吊装倒运费、水电费、当地交通费等直接费用，于期末分摊的相关管理人员工资、固定资产折旧费、差旅费、办公费、招待费、劳动保护费、车辆使用费等间接费用。根据合同验工结算情况，确认合同收入、合同费用时，确认项目的营业收入、营业成本和毛利。发行人通过“工程结算”会计科目核算，根据建造合同约定向业主办理结算的累计金额。合同完工时，将相关的工程施工和工程结算予以对冲。

2. BOT 项目的收入确认方式

本公司拥有市政公用工程施工总承包一级资质，为下属 BOT 项目公司提供基础设施建造服务。项目建设期间，发行人对于所提供的建造服务按照《企业会计准则第 15 号——建造合同》确认相关的收入和费用；BOT 项目公司作为建造服务接受方按照应支付对价归集入在建工程，建造项目完工后，将在建工程结转至无形资产——BOT 特许经营权。BOT 项目建成后，公司在 BOT 项目经营期间内按照实际水量与合同约定的单位水价确认经营服务收入。

小兵评析 ▶

BOT 目前已经是一种非常成熟且被认可的业务合作模式。因为环保行业的特性，BOT 模式在环保行业格外普遍。当然，尽管我们的会计准则对于 BOT 或者类似的模式作出专门的规定，明确了会计处理的一些规则和要求，但是由于实践中合作模式的复杂性，一些具体细节的处理还是会存在一些争议。

BOT 这种业务模式在实践中有很多不同的名称、不同的操作方式、不同的法律关系以及不同的利益分享机制，看起来完全相同的合作模式，可能具体的操作又完全不同，这时候我们就需要根据“实质重于形式”的原则，把握问题的核心本质，以作出最准确的处理。

发行人 BOT 的业务模式可能会形成金额巨大的特许经营权，然后在一定年限内摊销，而这样的会计处理标准稍微有些调整就会造成业绩的大幅变化。从目前审核的规则和已有的案例来看，类似长期待摊费用、经营权等费用资本化需要进行后续摊销的情形，在 IPO 审核中会非常审慎并严格控制，审核风险会比较大。

二、客户变动

环保行业的企业主要面对的是政府以及机关单位的客户，经营的内容主要是工程施工以及环保合同的履行。在这种情况下，发行人客户有一个非常典型的特征，那就是：不存在短期内重复购买的行为。发行人完成了客户工程施工的要求之后，就算后续还会有一些合作，也主要是一些售后维护、产品配套、技术支持等方面的内容，单纯从合同金额来说要小得多，基本上都无法排在前十大客户之列。

对于我们所熟知的传统制造行业来说，一个企业的竞争力很大程度上就在于客户的重复购买能力（快消品行业更是如此），这说明发行人产品质量过硬、客户稳定，发行人与客户建立了长期稳定的合作关系，因而持续盈利能力得到保证。在这样的模式下，发行人前十大客户基本上都是相对稳定的，除了一些排名有些偶尔的变化之外。

与之完全相反的是，环保行业的发行人客户基本上每年都是变化的，并且变化很大，有些发行人前五大或者前十大客户基本上都不一致。在这种情况下，我们就不能简单以客户是否变化作为判断合作稳定的条件，而是关注发行人客户的性质、所处的行业、合作的内容、付款的条件等方面，从而判断是否存在合作的重大不确定性。比如，发行人以前的客户主要是政府国有企业，而现在主要是民营企业，客户以前主要是自来水厂，现在变成了化工厂，以前主要是做工程，而现在销售产品的占比提高了很多等。

案例 4 景津环保（代码：603279）发审会问询问题

2014－2016 年，发行人对前五大客户的销售收入分别为 13,411.90 万元、12,817.89 万元和 19,495.53 万元，占当期营业收入的比例分别为 6.59%、8.10% 和 12.67%，主要客户分散且变动较大。请发行人补充说明并披露：（1）结合发行人的行业特征、业务模式，进一步说明报告期各期主要客户大幅变动的原因、合理性；（2）各期按外销、内销分类的前十大客户的基本情况（包括但不限于成立时间、注册资本、经营范围、主要股东、与发行人合作年限、主要销售商品等）和销售情况；（3）各期新增和退出的主要客户情况和销售情况前五大客户，客户的类型及基本情况和销售情况（同上）；（4）是否存在经销、代销，如存在，进一步说明各期的经销、代销收入，双方的权利义务关系，各期的前五大经销、代销商，经销、代销商的基本情况（同上）；（5）详细说明与客户的合作模式、收款及款项结算方式、交易合同的主要条款及签订合同的期限等情况，如属于订单式或一年一签的合作方式，详细分析公司同该等主要客户交易的可持续性，维护客户的稳定性所采取的具体措施。

小兵评析 ▶

我们以前都在关注客户集中是否会构成对客户重大依赖的问题，而这个案例则是另外一个层面的典型案例，那就是客户极度分散是否导致客户合作不稳定，经营存在风险。

发行人前五大客户的销售占比合计不超过10%，并且客户存在很大的变动，尽管从行业的角度来说这样的情形是合理的，不过对于发行人的核查工作来说，确实无形中增加了更大的难度。因为发行人的客户很多是不重合的，那么中介机构在进行走访或者函证的时候，样本数必然就是增加的。

案例5 江苏蓝电环保股份有限公司（未过会）发审会问询问题

发行人报告期前五大客户销售收入占比较高，其中对第一大客户的收入占比维持20%以上。销售费用率低于同行业可比公司。请发行人代表说明：(1) 结合报告期内主要客户的收入占比、在手订单情况，说明是否存在客户集中度较高的风险；(2) 说明对第一大客户是否存在重大依赖；(3) 说明销售费用率低于同行业可比公司的合理性，是否存在调节销售费用、关联方承担销售费用等情形。请保荐代表人说明核查方法、依据，并发表明确核查意见。

附：公开披露信息

1. 报告期内公司对除尘设备前五名客户的销售情况如下（见表30）：

表30 公司对除尘设备前五名客户的销售情况

期间	客户名称	设备销售数量（台）	销售收入（万元）	占当期同类收入比例	毛利率
2017年1-9月	金川集团股份有限公司	2	1189.35	16.78%	13.59%
	铜陵有色金属集团股份有限公司	2	912.82	12.88%	27.03%
	中国瑞林工程技术有限公司	2	852.99	12.04%	24.34%
	白银有色集团股份有限公司	2	851.96	12.02%	41.62%
	金正大诺泰尔化学有限公司	3	779.49	11.00%	3.34%
	合计	11	4586.60	64.71%	—

续表

期间	客户名称	设备销售数量（台）	销售收入（万元）	占当期同类收入比例	毛利率
2016年度	广西河池市南方有色金属集团有限公司 南丹县南方有色金属有限责任公司	6	1015.18	12.50%	27.28%
	白银有色集团股份有限公司	2	816.25	10.05%	36.17%
	中国联合工程公司	2	811.97	10.00%	3.22%
	中国恩菲工程技术有限公司	2	789.74	9.72%	38.30%
	中色国际贸易有限公司	1	562.39	6.92%	53.55%
	合计	13	3995.53	49.19%	—
2015年度	中国瑞林工程技术有限公司	2	2476.93	24.44%	31.57%
	珲春紫金矿业有限公司 紫金铜业有限公司	2	2132.48	21.04%	20.29%
	内蒙古兴安银铅冶炼有限公司 内蒙古兴安铜锌冶炼有限公司	2	1673.50	16.51%	3.45%
	中国恩菲工程技术有限公司	1	571.20	5.64%	33.44%
	白银有色集团股份有限公司	2	567.86	5.60%	32.30%
	合计	9	7421.97	73.24%	—
2014年度	东营鲁方金属材料有限公司	2	1841.35	14.32%	45.46%
	中国金城黄金物资总公司	2	1642.74	12.78%	15.26%
	金正大诺泰尔化学有限公司	2	1037.61	8.07%	26.49%
	甘肃招金贵金属冶炼有限公司	4	828.89	6.45%	7.94%
	西乌珠穆沁旗昊融有色金属有限责任公司	2	752.14	5.85%	29.01%
	合计	12	6102.72	47.47%	—

2. 报告期内，公司对脱硫设备前五名客户的销售情况如下（见表31）：

表 31　对脱硫设备前五名客户的销售情况

期间	客户名称	确认收入项目数量	销售收入（万元）	占当期同类收入比例	毛利率
2017 年 1－9 月	山东恒邦冶炼股份有限公司	1	4122.07	60.18%	38.07%
	铜陵有色金属集团股份有限公司	1	2426.09	35.42%	31.38%
	江西省江铜—瓮福化工有限责任公司	1	168.47	2.46%	37.62%
	安徽省司尔特肥业股份有限公司宣城分公司	1	132.77	1.94%	43.45%
	—	—	—	—	—
	合计	4	6849.40	100.00%	—
2016 年度	金川集团股份有限公司 金川镍钴研究设计院有限责任公司	3	5205.62	66.84%	29.52%
	新疆新鑫矿业股份有限公司阜康冶炼厂	1	639.85	8.22%	41.62%
	山东恒邦冶炼有限公司	1	490.71	6.30%	42.73%
	江西省江铜—瓮福化工有限责任公司	1	478.24	6.14%	53.30%
	河南省春林冶金设备有限公司	1	401.71	5.16%	31.51%
	合计	7	7143.19	92.66%	—

续表

期间	客户名称	确认收入项目数量	销售收入（万元）	占当期同类收入比例	毛利率
2015 年度	河南中原黄金冶炼厂有限责任公司	1	3570.97	34.35%	59.89%
	内蒙古兴安银铅冶炼有限公司 内蒙古兴安铜锌冶炼有限公司	2	3369.28	32.41%	23.45%
	金川镍钴研究设计院有限责任公司 金川集团股份有限公司	2	1785.54	17.18%	27.00%
	新疆喀拉通克矿业有限责任公司	1	1669.21	16.06%	50.62%
	—	—	—	—	—
	合计	6	10,395.02	100.00%	—
2014 年度	河南中原黄金冶炼厂有限责任公司	1	3505.95	52.12%	51.95%
	广西金川有色金属有限公司	1	2429.43	36.12%	57.66%
	内蒙古兴安银铅冶炼有限公司	1	791.40	11.76%	0.98%
	—	—	—	—	—
	—	—	—	—	—
	合计	3	6726.78	100.00%	—

报告期内，公司各业务类别每年的前五名销售客户存在一定变化，主要原因系公司主要制造、销售和安装脱硫脱硝设备、电除尘设备及配件等产品，下游客户购买公司的除尘设备、脱硫设备为固定资产性质投入，只有在下游客户原有固定资产更新改造投入或新上生产线时才产生需求，且公司的设备使用期

限在 10 年以上，对同一客户来说，更新除尘设备、脱硫设备的周期时间较长，导致报告期内公司的前五名客户存在变动。另外，公司的生产除尘设备、脱硫设备均为非标准化的产品，受产品规格、性能、施工环境、原材料价格波动等因素的影响，各项目的毛利率有所差异，导致对同一业务类别下不同客户的销售毛利率存在差异。

小兵评析 ▶

发行人还是属于典型的项目型业务模式，客户对于发行人产品重复购买的情形不会很多，因而发行人报告期内的客户变动还是比较大的，这个倒是符合真实情况。发行人前五大客户的销售占比在 50% 左右，最高的时候可以达到 70% 以上，这个比例还是很高的。当然，这个行业的客户主要是一些大的企业，客户集中度稍微高一点倒也符合行业特征，从这个角度来看，发审会对发行人客户的关注和担忧更多是对发行人所处行业的关注和担忧。

三、业务模式

前面我们提到，环保行业的发行人主要就是跟政府部门以及相关单位进行各种环保业务的合作。合作的内容五花八门，合作的形式也多种多样。在这种情况下，就需要我们拨开迷雾把握住业务合作的本质，适用最合适、最有针对性的准则作出正确的判断和处理。这一小节的内容，主要是给大家节选了几个代表不同业务模式的经典案例，重在提示大家关注不同模式的关注要点、不同的处理方式，以及可能存在的风险等。

还有一点需要注意，环保行业的发行人都有一个典型的特点，就是对某一事项的依赖，比如对某一区域销售的依赖或者对某一行业客户的依赖等，区域依赖尤为明显。比如：发行人是做污水处理的，那么业务起步以及发展主要就在某个区域，主要跟当地的水厂合作，这种情况就必然要关注到发行人业务异地扩张的可能性以及应对风险的能力（这个在施工设计类行业更加明显，具体情况见后续分析）。

案例6 杭州雷迪克节能科技股份有限公司（未过会）发审会问询问题

发行人主营业务为合同能源管理，发行人承担节能优化改造的全部费用，改造后新增设备设施的所有权在分享期满前归发行人所有，项目合作结束后发行人将全部设施无偿移交给客户。报告期公司归属母公司所有者的扣除非经常性损益后的净利润分别为4106.63万元、3089.87万元和2973.14万元。请发行人代表说明：（1）合同能源管理合同中新增设备设施的折旧政策及其政策依据，加速折旧的固定资产是否应做纳税调整，是否征得主管税务机关同意；（2）结合合同能源管理的具体内容、主要客户的行业特点等，说明发行人盈利能力的可持续性。请保荐代表人对上述问题发表核查意见。

附：发行人盈利模式

公司合同能源管理项目主要采取与客户效益分成的节能效益分享方式，即公司与客户在合同中事先约定节能收益分享期限、分成比例，当项目竣工验收合格且通过运行产生节能效益后，通常情况下会依据项目实际运行的节电量乘以一定的电价计算节能效益，公司再根据合同约定的分享比例获取收入。由于公司承担节能技改的所有费用、负责项目实施并承担项目投资风险，用能单位只有在产生节能收益后才向公司支付报酬，因此通常约定分享期内的节能效益主要由公司所得，以收回投资成本、运营费用并取得合理的利润。报告期内，公司与客户约定的分成比例一般从35% -100%不等，收益分享期一般为1-5年。

在约定年限内分享客户节能收益的盈利模式，决定了公司的收益具有一定的递延性和叠加性，即在节能项目不发生重大变化的情形下，已竣工项目的未来收益将会在收益分享期内分期流入公司。同时，公司在合同能源管理业务拓展过程，也会存在部分客户在考虑自身资金状况、后续运营、内部管理等综合因素后，选择与公司一次性确认节能收益。

小兵评析 ▶

发行人的主营业务用专业语言描述起来可能会比较拗口，简单总结一下就是我们所理解的典型的合同能源管理模式：发行人去跟高耗能的企业联系，将以前浪费掉的热量之类的能源收集起来发电，然后一起实现收益分成。这是一个曾经看起来双赢的无比美好的商业模式，不过经过实践的考验，这个模式更多情况下可能只能停留在理论上。这种模式的持续只能靠非商业合作的逻辑维系，持续合作和盈利存在重大的不确定性。具体因素包括：

1. 发行人主营业务是合同能源管理，其下游客户必然是高耗能的企业。高耗能企业目前肯定是国家限制和淘汰的重点对象，下游客户的发展必然影响到发行人业务的发展。

2. 发行人的主营业务是标准的环保概念，不过这种类型的企业最大的悖论就在于下游客户受政策影响非常大，从某种程度上讲，这就成了一个伪环保概念。

3. 从具体的经营业绩来看，发行人报告期内违约的合同已经出现并且后续可能会越来越多，政策性影响对于发行人来说已经非常明显。

关于合同能源管理的商业模式，还有一个问题是比较典型的，那就是发行人的在建工程和固定资产会比较多。这个原因也非常简单：发行人与客户业务合作的前期都是只花钱不挣钱的，也就是发行人先要给客户把整个的工程建好保证能够运行，然后确定分享期。在分享期内发行人分期确认收入，同时固定资产在发行人账上核算。在分享期之前，发行人的投入全部是在建工程；分享期内，发行人转固的固定资产要在分享期内折旧。

这是商业模式导致的特殊问题，但是从财务核查和税务处理的角度来讲，又会有两个难题需要解决：（1）在财务核查中，本来固定资产和在建工程的问题就非常难以核查，尤其是在建工程很可能存在“费用资本化”的情形，对于发行人来讲，大规模的在建工程和固定资产，给财务核查方面提出了更高的要求。(2) 由于发行人的固定资产在分享期过后所有权就要无偿转移给甲方客户了，那么发行人的固定资产必须要在分享期内折旧完毕，而这种方式跟税法肯定是不符合的，有点类似于加速折旧，是否进行了相关的税务调整，也是一个值得重点关注的问题。

案例 7 西藏国策环保科技股份有限公司（未过会）公开披露信息

公司设立以来，主营业务一直为城市环保托管运营（含城市生活垃圾、医疗废物和城市污水的处理）、环保设施建设施工、环境影响评价服务。公司定位为城市环保综合运营服务商，所从事环境卫生托管运营业务为典型的政府对外购买公共服务项目。

报告期内，公司主营业务收入分类情况如下（见表 32）：

表 32 主营业务收入分类情况

单位：万元

业务种类	2016 年度		2015 年度		2014 年度	
	金额	比例	金额	比例	金额	比例
城市环保运营业务	6623.21	64.27%	6694.42	64.86%	5840.98	65.59%
环保建设施工业务	1306.51	12.68%	2641.45	25.59%	2132.56	23.95%
环境影响评价收入	2251.57	21.85%	954.52	9.25%	931.75	10.46%
环保工程监理收入	29.00	0.28%	—	—	—	—
其他业务	95.30	0.92%	31.23	0.30%	—	—
合计	10,305.59	100.00%	10,321.64	100.00%	8905.29	100.00%

小兵评析 ▶

发行人的业务看起来很复杂，不过简单来说就是城市环保的托管运营。在我们的印象中，扫大街以及垃圾处理等工作都是市政部门来承担责任并负责的，他们属于事业单位或者公益部门，也就不存在靠此盈利的情形。发行人的情况比较特殊，是政府部门将环保的相关职责托管给发行人来运营，发行人根据与政府签订的合同约定来分享收益。从发行人披露的前五大客户情况来看，基本上就是当地政府、市政管理局或者景区的管理委员会等。由于这种模式以公司形式独立运营并盈利的情形并不是很多见，因此在审核过程中，监管机构也对发行人的经营模式和盈利模式进行了重点关注，发行人也用比较大的篇幅做了解释。

对于这种模式，其商业逻辑的合理性还是存在很大的疑问：

1. 为什么本来属于市政工作的一定要托管给发行人来实施（本来是政府职能用来市场盈利是否合规）?

2. 发行人与政府的合作是否能够长期持续，发行人是否具备独立开拓市场和运营的能力（发行人已经陆续解除了很多与政府的合作协议，就算签署了长期合作协议，也可以随时解除，这还不是政府说了算）?

3. 发行人与政府的定价是否合理，如何保证公允性（政府是不是可以通过定价来帮助发行人调节利润）?

4. 发行人与政府在人员管理上、责任分配上如何约定（材料披露，发行人的环保人员都是政府的人员，发行人只是派出管理人员，社保也是由政府缴纳）?

四、业务的持续性

前面我们提到，由于行业惯例和业务模式的原因，环保行业发行人的客户不存在长期重复购买的行为，因而报告期内客户会变动很大。同时，在某些情况下，由于客户的特定需求还会导致发行人对应的供应商、业务模式等随之发生重大变化。

根据某些客户的要求，客户会对提供原材料以及技术服务的供应商进行指定，对于施工方式、施工区域以及合同条款作出一些特殊约定。在这种情况下，发行人会因为客户的变化而带来一系列的生产经营的变化，因而审核中会关注到发行人与客户以及供应商业务合作是否稳定，终极的追问是否影响到未来的持续盈利能力。

案例 8 江苏蓝电环保股份有限公司（未过会）发审会问询问题

招股说明书披露，发行人生产的脱硫设备采用离子液脱硫，属于国内领先的脱硫技术，发行人 2011 年 7 月与成都华西签订《合作协议》合作开拓脱硫业务，相关收入占当期全部脱硫收入的比例分别为 76.35%、24.48% 及 35.74%。请发行人代表说明：（1）与成都华西合作的背景及原因，合作协议的可持续性，如合作协议终止，是否有足够的应对措施，是否会对生产经营和财务状况造成重大不利影响，是否存在影响持续盈利能力的不利情形；（2）核心技术是否具备完整性和独立性，对成都华西是否构成重大依赖；（3）与成都华西是否存在关联关系或其他利益安排。请保荐代表人说明核查方法、依据，并发表明确核查意见。

附：公开披露信息

2014 年至 2016 年及 2017 年 1 – 9 月，发行人与成都华西合作的脱硫项目收入分别为 6726.78 万元、7936.22 万元、1906.72 万元及 2426.09 万元，占同期脱硫业务收入的 100.00%、76.35%、24.48% 及 35.39%。2014 年至 2016 年，占比呈下降趋势。

2014 年至 2016 年，公司与成都华西合作产生的收入不断下滑，主要受到两方面因素的影响：

1. 非离子液法脱硫项目影响

成都华西两家为专业的离子液脱硫的设计、技术服务及相关设备供应商。

公司与成都华西合作的脱硫项目均为采用离子液脱硫方法的项目。

依托较强的系统设计和工程施工能力，发行人可根据客户实际情况，为客户提供多种类型的脱硫设备和工程方案，所采用的技术不仅包括新型的离子液法，还包括传统的石灰法、氧化镁法等。

2014年，公司确认收入的三个项目均为离子液法脱硫项目。2015年，非离子液法脱硫项目的收入为789.57万元，占当期脱硫项目收入的比例为7.60%；2016年，非离子液法脱硫项目的收入为4182.34万元，占当期收入的比例为53.70%。2015年、2016年，非离子液法脱硫项目收入占比的逐步提高，是公司与成都华西合作的离子液脱硫项目的收入占比逐步下降的重要因素。

2. 离子液脱硫技术市场竞争因素的影响

公司2011年开始布局脱硫业务，起步时间较晚。在起步阶段，优势互补，公司与成都华西在离子脱硫技术领域达成战略合作，并于2011年7月，与成都华西签订《离子液循环吸收法烟气脱硫技术应用推广合作协议》。公司作为项目的牵头人，负责项目的制造、采购、工程施工等，成都华西为公司提供离子液及脱盐设备、溶液分布器等相关部件，并提供部分设计和相关技术服务。

公司与成都华西已成功合作了多个脱硫项目，取得良好成效，产品得到了市场的广泛认可。公司对于离子液脱硫业务的系统集成、装备制造以及现场施工等项目经验不断积累。

近年来，市场上成熟掌握离子液脱硫技术的公司在增加，公司开始尝试与成都华西以外的公司开展离子液脱硫技术的合作。2015年，公司与成都华天海容工业气体有限公司开展合作，完工了新疆喀拉通克（新鑫）脱硫装置项目，当年实现收入1669.21万元，占当期脱硫业务收入的16.06%；公司与四川益能康生环保科技有限公司及扬州益康生环保科技有限公司（两家互为关联方）在浙江天能脱硫、司尔特脱硫等4个脱硫项目开展合作，2016年实现项目收入1699.43万元，占当期脱硫收入的21.82%，2017年1-9月，实现项目收入4423.31万元，占当期脱硫项目收入的64.58%。因此，市场上成熟掌握离子液脱硫技术的公司增加是公司与成都华西合作的离子液脱硫项目的收入占比逐步下降的另一个重要因素。

小兵评析 ▶

发行人与成都华西的合作协议本质上是一种技术合作协议，说得简单一点就是：行业环保要求提高需要离子液脱硫技术和设备，发行人有客户和生产设备的能力而没有离子液这个产品和技术，于是找到成都华西一起合作，一起招投标，一起研发生产设备，然后销售给客户。打个不确切的比喻，这就有点类似于：我们一起吃饺子吧，我有醋，你有饺子吗？从小兵的角度来讲，发行人尽管有技术和生产设备优势，但是在整个合作协议中，离子液这个产品和技术才是最关键的，对发行人脱硫业务有本质影响。尽管发行人通过签署长期合作协议来确定发行人自身的技术水平和竞争力，不过还是会存在比较大的经营风险。

发行人与成都华西的销售占比呈下降的趋势，并且下降趋势还是比较明显的，主要原因在于两个：一个是因为发行人采用非离子液技术的项目越来越多，另一个是掌握离子液技术的企业越来越多，发行人技术合作的企业越来越多。从小兵角度来讲，第一个可以作为解释发行人对离子液技术依赖程度越来越低的一个理由，但是第二个解释不了这个问题，因为不论发行人跟谁签署技术合作协议，其实改变不了对技术依赖的现实。遗憾的是，因为公开披露的信息不足，我们无法判断发行人与成都华西合作比例降低，是因为第一个因素更多还是第二个因素更多。

案例9 上海洗霸（代码：603200）发审会问询问题

请发行人代表说明：（1）结合行业竞争情况、发行人的竞争力和经营历史，分析说明发行人与现有主要客户的业务是否具有持续性，是否存在影响发行人业务持续性的问题或因素；（2）宝钢集团和武钢集团的合并是否影响发行人承接原宝钢集团、武钢集团的业务，是否存在原有合同到期后不能续签的风险。相关信息披露是否充分。请保荐代表人发表核查意见。

附：公开披露信息

报告期内前五大客户及收入情况：

（1）2016年，本公司主要客户及其收入情况如下（见表33）：

表33 2016年主要客户及其收入情况

序号	客户名称	金额（万元）	占营业收入的比例（%）
1	上汽集团	6923.27	22.53
2	中石化	6670.66	21.71
3	金光集团	1912.29	6.22
4	武钢集团	1854.40	6.03
5	青岛钢铁	1325.65	4.31
	合计	18,686.27	60.80

（2）2015年，本公司主要客户及其收入情况如下（见表34）：

表34 2015年主要客户及其收入情况

序号	客户名称	金额（万元）	占营业收入的比例（%）
1	中石化	5351.31	22.10
2	金光集团	2972.55	12.28
3	上汽集团	2546.40	10.52
4	武钢集团	2041.49	8.43
5	宝钢集团	884.17	3.65
	合计	13,795.92	56.98

（3）2014 年，本公司主要客户及其收入情况如下（见表 35）：

表 35 2014 年主要客户及其收入情况

序号	客户名称	金额（万元）	占营业收入的比例（%）
1	青岛钢铁	6862.39	26.24
2	中石化	3512.86	13.43
3	金光集团	3486.54	13.33
4	武钢集团	1657.88	6.34
5	宝钢集团	924.77	3.54
	合计	16,444.44	62.88

小兵评析 ▶

发行人前五大客户占比超过 60%，对于一些重要客户存在一定的依赖性，因而审核中关注到发行人与这些客户的合作是不是持续的，是否存在重大经营风险。结合着武钢和宝钢的合并，审核中关注是否因为合并而存在业务决策的重大变化，进而影响到与发行人的合作。关于这个问题，我们在判断时确实需要重点关注行业上下游产业整合、企业合并等一些重要事项的发生，尽管这些事项不一定对发行人有直接关系和影响，但是可能会潜在影响到业务合作、产品价格、市场地位更迭等，这就是所谓蝴蝶效应吧。

五、回款问题

关于应收账款变动以及期后回款问题，目前在 IPO 审核中是必须关注的重点问题。关于应收账款金额较大且增长较快的情形，在某些行业或者某些业务模式下是完全具备合理性的，只要能够充分解释清楚，一般不会构成 IPO 实质性障碍。当然，实践中也会存在因为行业竞争环境恶化、下游客户整合、客户经营存在问题等原因，应收账款超过信用周期无法收回，甚至很有可能完全无法收回的情形，这种情况下回款问题就显得更加重要，需要引起足够的重视。

对于环保行业来说，由于主要是一些政府或者机关客户，回款问题较之其他行业可能更加突出和典型。环保行业的发行人一般存在应收账款金额较大且账龄较长的情况，由于这些客户有着较强的信用基础和支付能力，一般视为不会存在回款的风险。当然，最近几年由于政策的变化，也会存在一些政府工程因为各种原因不能及时验收以及付款的情形，这也是需要我们关注的新情况。

最后，还有一点要说明。由于环保行业客户规模很大且话语权很强，根据交易惯例喜欢采用票据的结算方式，在这种情况下，还需要关注应收票据金额的增长趋势以及对业务合作的影响。

案例10　三达膜环境技术股份有限公司（未过会）发审会问询问题

发行人报告期各期应收账款余额较大且呈逐期上升的趋势，长期未收回款项金额较大。请发行人代表结合同行业可比公司数据、应收账款期后还款情况、是否存在有效收款措施、政府预算对发行人应收款项的覆盖情况等，说明应收账款的可回收性，并就相关风险在招股说明书中作出特别风险提示。请保荐代表人说明核查方法、过程、依据并发表核查意见。

附：公开披露信息

公司应收票据和应收账款主要为应收客户销售款和应收污水处理服务费等，具体情况如下（见表36）：

表 36　应收票据和应收账款具体情况

单位：万元

项目	2015 年 12 月 31 日	2014 年 12 月 31 日	2013 年 12 月 31 日
应收票据	4900.52	1082.20	3468.23
应收账款账面余额	33,150.54	31,168.68	23,425.54
减：坏账准备	5354.86	4148.96	2929.97
应收账款	27,795.68	27,019.72	20,495.58
合计	32,696.20	28,101.92	23,963.80

小兵评析 ▶

关于应收账款和应收票据问题的关注，主要体现在：（1）发行人应收账款大幅增加是否存在下游客户回款的实质性风险，从而判断发行人市场竞争力或者行业发展趋势的不利变化；（2）发行人应收票据金额大幅增加，是否说明发行人结算方式的主要变化，发行人生产经营是否存在不利变化的风险；（3）发行人应收账款（票据）账龄的变化情况，是否存在大量应收账款超越信用周期的情形；（4）发行人应收账款坏账计提政策是否稳健，是否通过计提政策调节业绩等。

具体到本案例的发行人，应收账款和应收票据的重点关注不只在于对金额和占比持续增加的担忧，还包括发行人下游主要是政府客户是否能够及时按照合同约定回款的担忧。这两年政府的规划存在很大的不确定性，实践中也确实存在有些政府项目完成之后没法回收账款的情形，问询问题也明确关注政府预算是否能够覆盖发行人的应收账款。事实是，在水务投资项目上债务人确实已经存在普遍的违约情况，发行人尽管做了很多的解释，但是却没法打消监管机构对于水务业务的担忧。

案例 11　北京金房暖通节能技术股份有限公司（未过会）发审会问询问题

请发行人代表说明：(1) 预收款模式下存在大额应收账款的原因及合理性；(2) 应收账款账龄较长、逾期账款占比较高、回款周期较长的原因，是否符合行业惯例，期后回款情况，减值计提是否充分，相关风险揭示是否充分。请保荐代表人发表核查意见。

附：公开披露信息

表 37　预收款模式下的应收账款情况

单位：万元

项目	2017 年 12 月 31 日	2016 年 12 月 31 日	2015 年 12 月 31 日
应收账款账面余额	20,516.30	13,872.63	12,842.87
减：坏账准备	3361.64	2508.20	1934.23
应收账款账面价值	17,154.65	11,364.43	10,908.64
当期营业收入	61,465.70	47,513.71	48,773.73
应收账款账面余额占营业收入的比例（%）	33.38	29.20	26.33
应收账款账面价值占营业收入的比例（%）	27.91	23.92	22.37

小兵评析 ▶

发行人主营业务为供热运营服务、供热领域节能改造服务和节能产品的研发、生产与销售。小兵总结了发行人的业务，说白了就是以下几种：（1）房地产开发商将出力不讨好、还压资金的供暖业务给发行人，发行人花钱建设，然后慢慢收回投资并取得收益；（2）一些单位不愿意管供暖业务就委托给发行人，发行人来挣点辛苦钱；（3）发行人偶尔也会接到一些技能改造的单子，2017 年为了冲击业绩干得特别多；（4）捎带着还生产和销售一些跟供暖环保有关的设备。从具体业务来看，再结合上面的一些分析，小兵觉得在这个行业发行人面对的都是强势客户，发行人有点抱大腿喝点汤的感觉，这种情况下要想站着把钱挣了很难。也就是因为这样，发行人与客户的合作条款会相对苛刻，最直接的体现就是回款比较困难，应收账款持续增加。

发行人不论是经营哪些业务采取哪种模式，应该都是先出资建设或者运营，然后再慢慢跟业主收费，报告期应收账款分别为 1.28 亿元、1.38 亿元和 2 亿元，金额持续增加。不仅如此，发行人账龄在一年以上的金额也越来越大，并且很多应收账款都是逾期的，自然被关注到期后回款的问题。关于这个问题，很多业主反馈，因为发行人很多核算不合理以及供热不符合标准，引起了很多诉讼，自然是业主不愿意积极缴纳供热费用。还有一点是最关键的，那就是发行人一年以内应收账款坏账计提比例只有 2% 而不是 5%，这对于发行人业绩的影响大概有 500 万元左右。

六、招投标

关于招投标的具体要求和规定，在前面的论述中已经提到了，在环保行业中，可以毫不夸张地说，几乎所有的业务都需要招投标，并且很难找到例外的情形。从审核的案例来看，如果应该招投标而没有履行招投标程序的合同金额较大，IPO 审核风险还是很大的。

我们也了解，在实践中会存在一些招投标的惯例或者隐形规则，比如定向邀标、先确定对象后制定招投标标准、围标、联合招投标等情形，这些情形有的是不合规的，有些合规但可能是不合理的，如果存在也需要重点关注。在本节我们就节选了一个联合招投标的案例，我们需要关注到：（1）联合招投标的原因、是否存在规避资质要求的情形；（2）联合招投标的利益分配是否合理，是否存在利益输送；（3）联合招投标取代独立招投标的商业合理性，是否存在持续盈利能力下滑的风险等。

案例 12 浙江科维节能技术股份有限公司（未过会）发审会问询问题

根据招股说明书披露，截至2016年年末，发行人报告其客户涉及国有企业客户共计52家，共涉及节能技改项目251个，其中139个项目履行了招投标程序，其他112个项目未履行招投标程序。请发行人代表说明：未履行招投标程序的112个项目，截至2016年年末，对应的应收账款余额及减值准备计提金额。

小兵评析 ▶

这个案例还是非常典型的，发行人有接近一半的合同是应该招投标而没有招投标的，这必然涉及报告期内业绩合规性问题，没有通过IPO审核也是情理之中的事情。

案例 13 绿色动力（代码：601330）发审会问询问题

请发行人代表说明：（1）未通过招投标程序或竞争性谈判获得项目的数量及占比情况，与同行业可比上市公司差异情况；（2）上述程序可能导致的取消特许经营权风险情况，发行人控股股东出具的《承诺函》是否足够补偿可能的损失或风险。请保荐代表人发表核查意见。

附：公开披露信息

相关市政公用事业主管部门在授予公司部分BOT项目（包括6个已运营的海宁、平阳、永嘉、武汉、安顺、蓟县项目，2个试运营的句容项目、宁河秸秆发电项目，1个在建的宁河生物质发电项目，以及8个筹建的平遥、青岛、射阳、金坛、隆回、博白、红安及宜君项目）时，未执行招投标程序。

未履行招标程序的主要原因系，该等项目的政府主管部门在为该等项目寻找特许经营权项目公司时未执行招标程序。就此事项，各已运营及在建项目所在地相关主管部门或本级政府分别作出书面确认，以上项目未经过招投标程序，不影响其《特许经营权协议》及相关协议的效力及履行，各项目公司依法享有其项目之特许经营权。

就上述相关项目特许经营权事宜，公司控股股东、实际控制人北京国资公司出具《承诺函》，对因未通过招投标方式取得的 BOT 项目给发行人及其控股子公司造成任何损失或风险，北京国资公司将向公司及其控股子公司作出及时、足额、有效的补偿，确保公司及其控股子公司不会因此遭受任何损失。

小兵评析 ▶

同样是有些合同没有履行招投标程序，发行人解释了一些因客户要求而存在的特殊情形，证明不是发行人的主观原因。更重要的是，本案例发行人未招投标合同数量和金额占比较低（如低于 10%），风险在一定程度上是可控的。同时，关于这些合同，发行人取得了甲方发行人的说明和认可，同时控股股东也承诺承担相关的损失和风险。

案例 14 北京建工环境修复股份有限公司（未过会）发审会问询问题

发行人与中科鼎实联合中标的北京焦化厂项目毛利率高达 87%，发行人和中科鼎实按 2∶8 的比例划分收入。请发行人代表说明：（1）发行人与中科鼎实是否存在关联关系或其他利益安排；（2）发行人与中科鼎实按 2∶8 的比例划分收入的依据和合理性；（3）北京焦化厂项目毛利率与整体毛利率存在较大差异的原因。请保荐代表人说明核查方法、过程、依据，并发表明确核查意见。

附：公开披露信息

报告期内，发行人联合投标项目合同金额占发行人全部签约合同金额的占比情况如下（见表 38）：

表 38　联合投标金额占比情况

单位：万元

	2016 年	2015 年	2014 年	合计
发行人联合体投标形式签约合同金额	27,605.84	100.00	—	27,705.84
发行人签约合同总金额	182,963.22	109,042.51	59,097.68	351,103.41
联合体投标合同金额占比	15.09%	0.09%	—	7.89%

报告期内，发行人联合投标项目总收入占发行人各年度总收入的占比情况如下（见表 39）：

表 39　联合投标项目总收入占比情况

单位：万元

	2016 年	2015 年	2014 年	合计
发行人联合投标项目收入	10,312.19	5129.39	3286.68	18,728.26
发行人总收入	107,444.35	44,549.92	41,629.51	193,623.78
联合体投标占发行人总收入比重	9.60%	11.51%	7.90%	9.67%

2016 年度，公司综合销售毛利率为 18.90%，与 2015 年度相比降低了 8.79 个百分点，主要原因是毛利率较低的无锡制漆厂项目、福州东南电化项目、重庆紫光项目等于本期完成产值较大，对本期收入贡献较大。2016 年度，技术服务毛利率高主要原因是公司与中科鼎实联合投标北京焦化厂项目，由于公司不仅提供技术服务与技术支持，而且利用热解析设备发明专利技术，指导现场施工、联系污染土修复合格后土方接收场地及土方消纳工作、协调专家评审等工作，因此该项目毛利率高达 87.53%，该项目当期实现收入 1383.83 万元，占当期技术服务收入的比例为 51.63%。

小兵评析 ▶

发行人2014年和2015年几乎没有联合招标，而2016年突然增加了3亿元左右的联合招标合同，占全部签约合同的15%。如果将联合招标的问题与发行人2016年业绩大幅增加的事实联系在一起，那么这个问题还是要好好琢磨一下的。

发行人为什么会进行联合投标，是为了符合甲方的要求还是因为发行人需要跟别人一起来开拓市场寻找客户呢？联合投标自然要给第三方一部分收益，那么这样的收益该怎么去分配呢？既然利益分给别人一部分了，自然这样的合同毛利率应该要比自己独立招标更低，但为什么有的合同毛利率还要远高于一般的合同呢？发行人有没有可能通过联合投标的方式来规避自己不满足甲方要求的情形呢，如果存在是否属于违规行为？所有这些跟联合投标相关的问题，都需要详细地解释清楚。显然，目前发行人并没有解释清楚这些质疑。需要特别注意的是，发行人综合毛利率在20%左右，而与中科鼎实联合招标的项目毛利率竟然高达87%，这个有点不可思议，况且一半以上的收入还是技术服务。

七、业务分包

分包是一种标准的符合法律规定的业务模式，在工程施工类企业中也算普遍，在环保行业也经常会遇到。关于这种模式，法律法规有着明确的规定，为什么实践中会存在一些争议，原因就在于：如果严格按照法律规定去做可能做不到或者是没有效率的，如果按照行业惯例去做又无法完全符合规定。这种情况下，如何认定合法合规的边界，在合规性和效率性方面取得平衡，是值得深度思考的一个现实问题。

关于分包问题，有几个核心的问题需要关注：（1）发行人是否具有分包的资格，分包的业务是否符合法律的规定；（2）分包商是否具有接受分包的资格，是否存在规避资格要求的情形；（3）分包业务的内部控制和责任划分，是否存在通过分包刻意规避相关要求的情形；（4）分包商与发行人是否存在关联关系，是否存在利益输送或者调节业绩的情形；(5) 分包业务的金额占比以及变动情况，发行人分包业务是否影响业务独立性；(6) 分包商的一些核算不合规与发行人是否有直接关系，发行人是否应该对分包商的合规经营完全负责等。

案例 15 北京建工环境修复股份有限公司（未过会）发审会问询问题

报告期内，发行人主营业务成本中，分包成本均为 50% 以上，部分已完工项目分包成本占比超过 90%，涉及分包商共 207 家。请发行人代表说明：(1) 发行人分包项目中，原合同招标方对乙方资质是否有所要求，是否存在将原要求相关资质的招标合同分包给无资质方实施的情形；(2) 对比同行业可比上市公司，说明发行人分包比例是否明显偏高及原因；(3) 结合报告期各分包项目分包成本，说明分包项目采用总额法而未采用净额法核算的合理性；(4) 说明相关工程分包是否符合相关法律法规的规定；(5) 说明发行人是否建立严格的分包公司资质核查制度，发行人内部管理制度及内控制度是否健全并得以有效执行。请保荐代表人说明核查方法、过程、依据，并发表明确核查意见。

小兵评析 ▶

仔细观察一下发行人的业务，其实发行人更像是研究技术的，具体的工程施工基本上不参与，这就是为什么发行人分包的成本占整个成本 90% 以上的原因，并且涉及的分包商有 207 家之多。其实，发行人未来的自我定位应该是环境修复相关技术和产品的销售方，而不应该是解决方案的提供商，发行人做销售产品和技术而不做工程。这样的话，IPO 审核的很多问题就迎刃而解了。

另外，这也涉及行业成熟度的问题。发行人据说是做土壤修复市场排名第一的企业，行业龙头竟然也只做成现在这个模样，只能说这个行业目前还不是一个成熟的行业。发行人报告期内的收入确实是高速增长，2016 年达到了 10 亿元左右，2016 年净利润也到了 7000 万元左右，不过对于行业龙头来说，这样的业绩规模也只能算中规中矩。此外，发行人很多业务来源都是政府推动的，并不是真正的市场行为。同时发行人现场核查过程中也体现出财务核算非常不规范的情形，这些因素同样说明了这个行业还不是很成熟。小兵前面提到了，目前的 IPO 审核对行业的筛选越来越明显，行业好企业暂时有一些问题也是可以接受的。好的行业前提就是一定是成熟的行业，是经营稳定、风险充分披露的行业。对于发行人所处的这个行业来说，我们可以理解为是造福子孙后代全人类的绝好行业，只是从企业生产经营的角度来讲，这是一个还不够成熟的好行业。

就是因为行业不够成熟，市场参与主体不多，产业链划分没那么详细。目前还没有专门做工程的公司，发行人只销售技术和产品，根本没有客户，因而只能既当爹又当妈了。

关于这个问题，自然关注到分包商的资质问题、分包商比例过高是否符合行业惯例的问题、分包商与发行人是否存在关联关系的问题，以及分包商是否承担相关成本的问题以及内控的问题。

附：分包相关法律法规

《合同法》第 272 条：发包人可以与总承包人订立建设工程合同，也可以分别与勘察人、设计人、施工人订立勘察、设计、施工承包合同。发包人不得将应当由一个承包人完成的建设工程肢解成若干部分发包给几个承包人。总承包人或者勘察、设计、施工承包人经发包人同意，可以将自己承包的部分工作交由第三人完成。第三人就其完成的工作成果与总承包人或者勘察、设计、施工承包人向发包人承担连带责任。承包人不得将其承包的全部建设工程转包给第三人或者将其承包的全部建设工程肢解以后以分包的名义分别转包给第三人。禁止承包人将工程分包给不具备相应资质条件的单位。禁止分包单位将其承包的工程再分包。建设工程主体结构的施工必须由承包人自行完成。

《建筑法》第 29 条：建筑工程总承包单位可以将承包工程中的部分工程发包给具有相应资质条件的分包单位；但是，除总承包合同中约定的分包外，必须经建设单位认可。施工总承包的，建筑工程主体结构的施工必须由总承包单位自行完成。建筑工程总承包单位按照总承包合同的约定对建设单位负责；分包单位按照分包合同的约定对总承包单位负责。总承包单位和分包单位就分包工程对建设单位承担连带责任。禁止总承包单位将工程分包给不具备相应资质条件的单位。禁止分包单位将其承包的工程再分包。

《建设工程质量管理条例》第 18 条：勘察、设计单位不得转包或者违法分包所承揽的工程。

《建设工程质量管理条例》第 78 条：本条例所称肢解发包，是指建设单位将应当由一个承包单位完成的建设工程分解成若干部分发包给不同的承包单位的行为。

本条例所称违法分包，是指下列行为：

（一）总承包单位将建设工程分包给不具备相应资质条件的单位的；

（二）建设工程总承包合同中未有约定，又未经建设单位认可，承包单位将其承包的部分建设工程交由其他单位完成的；

（三）施工总承包单位将建设工程主体结构的施工分包给其他单位的；

（四）分包单位将其承包的建设工程再分包的。

本条例所称转包，是指承包单位承包建设工程后，不履行合同约定的责任和义务，将其承包的全部建设工程转给他人或者将其承包的全部建设工程肢解以后以分包的名义分别转给其他单位承包的行为。

八、研发能力和技术水平

很多企业甚至很多行业的发展，都存在“重渠道业务、轻研发技术”的现状。说白了就是，企业的核心目标是把产品卖出去，而不管产品好不好。有时甚至会存在“劣币驱逐良币”悖论：好产品可能更不好卖，更没有市场。对于环保行业来说，这样的现象可能更加明显。对于发行人来说，核心是打通客户关系取得业务机会，而产品以及技术是后续的问题。

我们在这一节节选了几个经典的案例，除了表达环保行业研发技术缺失的问题之外，还要提示大家一点就是信息披露的准确性问题。如果一个企业的研发人员只有 20 人且普遍学历不高，每年投入的研发费用不足 100 万元，在这种情况下，过度强调企业的研发能力和技术水平，不管情况如何特殊，显然都很难站得住脚。

案例 16 江苏蓝电环保股份有限公司（未过会）发审会问询问题

发行人共有 25 名技术研发人员。请发行人代表结合发行人员工构成，说明其业务所适用技术是否处于行业领先技术，前景如何，如何保障后续研发能力。请保荐代表人说明核查方法、依据，并发表明确核查意见。

小兵评析 ▶

发行人主营业务是销售除尘和脱硫设备的，这个产品主要应用在以有色金属冶炼为代表的存在重大污染的行业。在过去几年，脱硫脱硝以及除尘行业是打着“环保”大旗高速发展且市场评估价值很高的一个行业，很多投资机构高价入股。但是，从小兵的角度来讲，这个行业跟以前提到的能源管理行业类似，尽管有环保这样一个无可辩驳且长久不衰的国家概念作为背书，却无法掩盖这些行业技术含量不高、客户开拓能力单一、产品解决问题能力有限、业务附加值不高、重资产运营且未来发展前景不明朗等诸多问题。从这个角度来讲，我们不得不说，环保这个概念不论是在 IPO 审核理念上还是在 PE 投资领域都已经被滥用了。

这个问题说白了就是监管机构觉得发行人的产品没有什么技术含量，如何保证企业后续的发展，如何能够有稳定的持续盈利能力。

案例 17　浙江科维节能技术股份有限公司（未过会）发审会问询问题

请发行人代表说明：(1) 发行人经营所使用的技改技术来源及技术研发人员技术专长情况，项目实施过程中发行人员工及其他人员使用情况，前述人员在项目实施过程中的具体工作范围及是否具备相应的施工资质；(2) 发行人核心竞争力与市场竞争对手的差异。请保荐代表人说明核查过程及结论。

小兵评析 ▶

这个问题尽管问得比较委婉，其实还是问出了合同能源管理公司一个普遍的问题：公司没有核心的技术和核心的人员，合同取得主要就是靠一些资源或者关系，持续发展的能力不够。这个问题关注到发行人使用的技术是不是自主研发的，自己的施工人员是不是也都是自己的核心人员，如果使用了外部人员是不是存在违规使用的问题等。

第七章

技术服务行业 IPO 审核要点

Chapter 7

技术服务行业，是指提供设计服务、检测服务、改造服务等各种技术服务的公司代表的合称。这样的行业界定不一定准确，我们主要是为了论述方便做了一个合并说明，因为这一类公司在 IPO 审核中关注的要点非常集中。技术服务类公司 IPO 中，要论数量最多、最具有代表性的非设计类企业莫属，在资本市场也形成了一道亮丽的风景线。

根据不完全统计，目前 A 股上市规划设计类企业的具体情况如下（见表 40）：

表 40 A 股上市规划设计类企业的具体情况

序号	企业全称	代码	简称	上市日期
1	启迪设计集团股份有限公司	300500	启迪设计	2016 年 2 月 4 日
2	吉林吉大通信设计院股份有限公司	300597	吉大通信	2017 年 1 月 23 日
3	深圳市杰恩创意设计股份有限公司	300668	杰恩设计	2017 年 6 月 19 日
4	深圳市建筑科学研究院股份有限公司	300675	建科院	2017 年 7 月 19 日
5	安徽省交通规划设计研究总院股份有限公司	603357	设计总院	2017 年 8 月 1 日
6	贵州省交通规划勘察设计研究院股份有限公司	603458	勘设股份	2017 年 8 月 9 日
7	苏州市建筑科学研究院集团股份有限公司	603183	建研院	2017 年 9 月 5 日
8	河南省交通规划设计研究院股份有限公司	300732	设研院	2017 年 12 月 12 日
9	深圳市华阳国际工程设计股份有限公司	002949	华阳国际	2019 年 2 月 26 日
10	深圳市新城市规划建筑设计股份有限公司	300778	新城市	2019 年 5 月 10 日

技术服务行业在 IPO 审核中一直都是作为难点存在的，这个行业最大的问题在于：这类业务收入确认和成本结算对于财务核算都是很大的一个挑战，毕竟很多工作干完就没了，很难去重复验证。收入节点和工作成果如何明确界定区分，成本（主要是人工成本）如何精细核算，一直都是最大的难点。

重点关注收入和成本，还有一个很重要的原因：这个行业的发行人业绩规模普遍都不是很大，一般在5000万元至8000万元，超过1亿元的情况都罕见。业绩规模偏小，跟整个行业的竞争逻辑是有关系的，主要有：(1) 技术服务类业务进入门槛并不是很高，有些情况下，有点关系、有些人员、懂一点路子，企业就可以正常运营了；(2) 这类企业一般都具备很明显的区域集中的特征，一般是在某个熟悉的区域深耕细作，实现积累；(3) 这类企业要保持业绩的持续增长很难，要成为一家伟大的公司也有显而易见的天花板。

我们总结了最近几年技术服务类行业 IPO 的审核情况，在保证样本具有一定代表性的情况下，总结了行业一些重点关注的问题与大家分享。关注到的典型问题包括：区域集中、收入及成本确认毛利率的对比和核查、采购内容核查、资质要求及人员挂靠等。

一、区域集中

技术服务类企业一般都有典型的业务主要集中在某个区域的情形。一般情况下，业务在某个市级地区的占比超过30%，在某个省内的业务占比超过70%甚至更高的比例。在这种情况下，审核必然要关注到发行人是否具备异地扩张的能力、现有的区域行业市场容量是否具有明显的天花板、对发行人未来发展是否有影响、发行人异地扩张的计划以及现有的效果、异地扩张的业务与当地业务是否存在明显差异（毛利率差异）、发行人对异地业务开展的内部控制措施等。

技术服务类行业为什么会存在销售区域集中的情形？从商业逻辑的角度来考虑，可能会有以下几个因素：

1. 从企业的设立方式来看，绝大多数是当地盈利能力较强的规划设计院或者下属单位企业化改制而来的。不同的是，有的是省级的事业单位改制而来，而有些经济发达地区某个地级市级别的规划院改制之后，也可能达到上市的标准。

2. 从业务性质来看，技术服务类业务对于品牌的依赖性不高，很多上市公司都没有注册商标，业务主要靠项目经验以及积累的口碑，因而这种业务在相对集中且熟悉的区域开展更加顺畅便捷。

3. 从客户分布来看，技术服务类业务客户要么属于比较集中的类型，逮着几家使劲薅羊毛；要么就是客户极度分散且变化很大，遇到哪家算哪家。

案例 1　新城市（代码：300778）发审会问询问题

发行人以城市规划建筑设计业务为主，报告期内来自广东省主营业务收入占比较高，且呈逐年上升趋势。请发行人代表说明：（1）房地产行业长期调控及政府机构改革、公共预算紧缩对发行人业务、经营模式及持续盈利能力的影响，是否对发行人持续盈利能力构成重大不利影响，发行人的应对措施；（2）发行人在规划设计业务的竞争优势和核心竞争力；（3）主要业务集中在广东地区尤其是集中在深圳市的原因，是否符合设计类上市公司行业特点，是否对该地区客户存在重大依赖；（4）对外省市业务拓展情况、现有在手订单、其收入和利润增长是否具有可持续性，相关风险是否已经充分披露。请保荐代表人说明核查依据、过程并发表明确核查意见。

小兵评析 ▶

特别提示，第一个案例和第二个案例要放到一起对比着看。

该次发审会很有意思，将申请创业板上市的两家规划设计类公司（新城市规划、苏州规划院）放到一起前后脚审核，关键是这两家企业不论从业务类型、业务规模、经营业绩、变动趋势、财务指标等都好像一个模子刻出来的，有太多的相似之处。

两家企业都是规划设计类业务，规划就是城市规划，设计就是工程设计，尽管存在很多相似之处，但是最不同的一点就是一家审核通过了一家审核没有通过。

发行人很相似，发审会问询问题也非常相似，对两个企业所关注的五个问题基本上是一模一样，这是不是可以说明 IPO 审核还是有规律可循的，真不是拍脑袋看心情的，同一类业务的发行人审核关注要点真的是一样的。

多数规划设计类企业都是当地的规划设计局改制设立的，加上规划设计这类业务又具备明显的地域属性，因而一般企业都是从当地起家的，一般某个地市的销售规模会一直占据相对重要的地位。这种情况下主要关注两点：(1) 企业最核心的经营区域的市场份额是否足够大，是否能够支撑企业的长期发展；(2) 企业是否具备异地扩张的能力，目前异地扩张的成功案例效果是否存在差异（如尽管异地也有成功案例，但是价格和毛利率明显低于当地的项目）。

案例 2　苏州规划设计研究院股份有限公司（未过会）发审会问询问题

发行人以规划和工程设计业务为主。请发行人代表说明：(1) 说明房地产行业长期调控、政府机构改革、公共预算紧缩对公司业务、经营模式及持续盈利能力的影响，发行人的应对措施；(2) 结合目前以区域性规划设计业务为主的态势，说明发行人和全国同行业相比的行业竞争优势和核心竞争力，区域外市场竞争可能面临的挑战和不足。请保荐代表人说明核查依据、过程并发表明确核查意见。

小兵评析 ▶

这个问题尽管没有涉及具体的业务细节和技术问题，还是很明确地界定了一个基调，那就是关注发行人的市场竞争地位和核心竞争力问题，也就是发行人在同行业竞争中是否还具备持续盈利的能力。此外，关于这个问题还有一个层次的含义：如果发行人的市场竞争力不足，在不利的政策环境下的应对能力就不够，就更容易受到不利因素的影响，从而增大了生产经营的潜在风险。

关于这个观点，小兵以前表达过：同样的外部政策环境和因素，在不同质地和竞争力的企业的反映和影响是完全不同的。这就跟人类似，同样是降温了，对有的人没有什么影响，有的人只是打个喷嚏，有的人可能就直接重感冒了。对于外部环境的适应能力，也是反映企业市场竞争力的一个重要因素。

以区域性业务作为起步的规划设计类公司，异地的业务拓展能力和实现盈利的能力一直都是重点关注的问题，发行人在苏州或者江苏以外地区的业务毛利率明显要低于本地的业务，这也说明发行人在异地开展业务的能力存在一些实质障碍，存在一定的风险。同时，苏州地区目前已经有了包括启迪设计、苏州设计等多家规划设计类的上市公司，尽管苏州地区市场容量足够大，但是在激烈的竞争下，发行人是否具备足够的市场竞争能力，是一个值得关注的问题。换句话说，如果发行人前面没有那么多同行业的上市公司，或许审核结果就完全不一样了。IPO，永远是赶早不赶晚！

二、收入及成本确认

技术服务行业收入确认方式基本上就是完工百分比，这个在行业内没有什么争议，前面我们也做过详细分析，这里就不再做过多解释。对于技术服务类企业来说，只要是完工百分比确认的依据合理且符合相关规则，并且相关的内部控制措施到位，保证相关规则严格执行，采取这样的收入确认方式是没有问题的。

相对于收入确认而言，技术服务类企业的成本核算可能更复杂也更具有挑战性。技术服务类公司经营成本最大的比例就是人工成本，一般都要超过整个成本的50%以上甚至超过七成。在这种情况下，如何保证人工成本核算的真实性和完整性，尤其是还要求对每个项目的收入和成本逐一进行独立核算，这就对发行人的内部控制提出了很严格的要求，对一些数据的解释也必须充分做好准备。对于这个问题，理论上是很难实现完美的匹配和结算，但是在整体上应保证数据的真实性，同时在形式上保持完备。

案例3 苏州规划设计研究院股份有限公司（未过会）发审会问询问题

发行人采用完工百分比法确认收入，在规划设计和工程设计中，根据合同约定的结算金额确认分阶段收入。请发行人代表说明：（1）结合规划设计和工程设计各阶段收入确认时点，在报告期确认收入对应的前期已签合同量、当期新增合同量项下，各收入确认节点分别对应的收入情况，各阶段收入波动与合同量是否匹配；（2）结合报告期各期末实际工作量的情况，对比具体项目合同约定的结算比例，资金结算比例是否能够反映各阶段工作量的合理性，以及是否符合相关会计准则规定的依据；（3）报告期各季度确认的收入情况，分析其波动情况及原因；（4）相关合同是否均与客户约定有明确的分阶段结算比例，具体确定依据，不同客户约定的资金结算比例是否一致，约定的结算金额与完工进度是否存在一致性及其依据，是否存在利用结算金额进行收入和利润跨期调节的情形；（5）相关合同收费情况在不同阶段差异较大的原因，与客户商定不同阶段收费标准的具体原则及是否存在一致性；（6）报告期决算工时和预算工时是否存在差异，如存在差异，如何保证合同约定的结算金额与施工进度一致；（7）发行人总体规划业务的获取方式，收入占比较高的原因，该业务是否具有持续性和稳定性。请保荐代表人说明核查依据、过程并发表明确核查意见。

附：公开披露信息

公司主营业务包括规划设计和工程设计两大类，收入确认具体流程和方式如下：

A. 规划设计

公司与客户签订的规划设计合同涉及的阶段因具体项目而有所差异。按最长的流程划分，规划设计业务一般可分为签订设计合同、提交中间成果、提交论证成果以及提交最终成果等四个阶段，各阶段收入确认具体情况如下：

a. 签订设计合同：该阶段公司与客户签订设计合同之后，一般会收取合同首期款，该款项属于预收款性质，公司在收到时作为项目预收款，不确认收入；

b. 提交中间成果：该阶段主要根据客户需求进行现场调查、拟订规划设计方案，当公司向客户提交中间成果并经客户确认时，根据合同约定的结算金额确认该阶段的设计费收入；

c. 提交论证成果：该阶段针对需要论证的规划项目，当公司向客户提交论证成果并经客户确认后，根据合同约定的结算金额确认该阶段的设计费收入；

d. 提交最终成果：该阶段公司在中间成果或论证成果的基础上，根据客户或专家论证意见进行修订完善后提交最终成果，在最终成果经客户确认时，根据合同金额或最终决算金额，扣除以前会计期间累计已确认提供劳务收入后的金额，确认当期提供劳务收入。

B. 工程设计

参照《工程勘察设计收费标准》（2002 年修订本）规定，工程设计业务具体工作流程一般分为签订设计合同、方案设计、初步设计、施工图设计和施工配合时点。

a. 签订设计合同：该阶段公司与客户签订设计合同之后，一般会收取合同首期款，该款项属于预收款性质，公司在收到时作为项目预收款，不确认收入；

b. 方案设计：该阶段主要工作系公司根据客户及合同要求进行总体方案设计工作，当公司向客户提交阶段项目成果并经客户或第三方确认后，根据合同约定的结算款项确认该阶段的设计费收入；

c. 初步设计：该阶段主要工作系公司对方案进行深入设计，当公司向委托方提交阶段项目成果并经客户确认或第三方后，根据合同约定的结算款项确认该阶段的设计费收入；

d. 施工图设计：该阶段主要工作系公司根据初步设计成果进行详细的施工图设计，当公司向委托方提交阶段项目成果并经客户或第三方确认后，根据合同约定的结算款项确认该阶段的设计费收入；

e. 施工配合：该阶段工作主要是在建筑工程施工过程中，在出具施工图之后，配合客户进行详细的施工、处理施工过程中的临时工程施工障碍等，并在必要时进行设计修改，随着建筑工程主体工程验收、竣工验收，该阶段工作完成，根据合同金额或最终决算金额扣除以前会计期间累计已确认提供劳务收入后的金额，确认当期提供劳务收入。

小兵评析 ▶

完工百分比收入确认的核心就是：每个确认时点的选择以及是否有充足的客观证据来证明这个时点的合理性。对于规划设计类业务来说，完工百分比确认收入是没有问题的，也属于行业惯例，同时确认的每个时点也有公开的文件依据，但是如何详细说明并做出核查，是一个需要仔细研究认真去做的工作。

发行人是根据与客户约定的每个阶段的结算金额来确定收入确认金额的，从问询意见的态度来看，这个问题通篇也都是对这样的收入确认方式的不信任。尽管发行人做了很多解释，同时保证收入确认时点的审慎，但最终还是没有得到认可。

案例 4 新城市（代码：300778）发审会问询问题

发行人采用完工百分比法确认收入，采用阶段固定比例确定完工百分比。请发行人代表说明：（1）完工百分比确定依据与同行业可比公司差异的原因及合理性；（2）设计项目《收入类别区分及判定依据》的主要内容，累计完工进度的具体计算方法，是否与项目实际进展情况相匹配；（3）结合项目确认收入的进度与结算条款差异，信用期内应收账款余额较大的情况，收入确认方法是否合理，相关依据是否充分；（4）结合发行人规划设计周期，合同转化率是否合理，与同行业可比公司是否一致。请保荐代表人说明核查依据、过程并发表明确核查意见。

附：公开披露信息

发行人工程设计类业务收入确认依据主要参照国家计委、住建部发布的《工程勘察设计收费标准》（2002 年修订本）中建筑市政工程各阶段工作量比例（Ⅱ级工程）规定，并根据公司实际项目情况，依据取得的关键证据，划分为六个收入阶段。

发行人工程设计类业务工作量进度与《工程勘察设计收费标准》（2002 年修订本）中，建筑市政工程各阶段工作量比例（Ⅱ级工程）规定比较情况如下（见表 41）：

表 41 建筑市政工程各阶段工作量比例规定比较情况

关键阶段	发行人	工程勘察设计收费标准
方案设计阶段	15%	15%
初步设计阶段	30%	30%
施工图设计阶段	40%	55%
施工图审查阶段	5%	—
项目结算阶段	10%	—

发行人收入确认各阶段的工作量进度与勘察设计收费标准工作量进度基本

一致。根据《工程勘察设计收费管理规定》2002 版①，初步设计与施工图设计的比例是 45:55，但并未明确说明后期服务的工作内容和工作量。发行人前期的方案设计和初步设计两个阶段按照《工程勘察设计收费管理规定》分别确认 15% 和 30% 的收入。在项目实际运营过程中，施工图设计阶段完成后还需要经过施工图审查、项目结算阶段，且后续两个阶段受客户等外部因素影响较大，周期较长，发行人在考虑后续阶段的主要工作内容、投入人员成本占比以及发行人与主要客户签订付款节点等因素后，为更充分体现发行人的完成工作量情况，符合权责发生制原则，发行人在《工程勘察设计收费标准》的基础上新增了施工图审查、项目结算两个阶段作为工作量进度考核，发行人施工图设计、施工图审查、项目结算三个阶段分别确认的收入比例为 40%、5% 以及 10%。

小兵评析 ▶

这家企业同样是完工百分比确认收入，但是与案例 3 苏州规划设计研究院股份有限公司有些不同之处。本案例发行人根据外部的文件制定了公司内部执行的不同阶段确认条件以及确认比例，这个标准是明确的且是可以执行的，并且后续会计处理也是严格执行这些标准。从这个角度来说，本案例发行人至少从形式上和内控上就要优于苏州规划设计研究院股份有限公司。

三、毛利率的对比和核查

从本质上说，毛利率是一个企业技术含量和市场竞争地位的综合反映。从形式上说，毛利率就是收入和成本两个财务数据的直接对比结果。前面已经提到，技术服务类企业收入确认和成本核算都是难点和重点问题，那么对于毛利率的核查和关注自然也是正常的。我们要关注发行人纵向毛利率水平的波动情况，更要关注发行人与同行业可比上

① 2016 年 1 月 1 日已废止。

市公司的毛利率差异情况，尤其是可比性很强的两种业务数据的对比情况。

关于毛利率问题，我们在研究行业问题时倒不是关心发行人毛利率，30% 是不是低或者毛利率 70% 是不是高的问题，关注的是发行人毛利率这个结果是否真实合理。真实性的质疑，在于发行人收入确认的时点是否准确以及人工成本核算是否真实；而合理性的怀疑，在于毛利率与同行业是否存在重大差异。对于本行业来说，对毛利率的关注，更多的是对收入和人工成本结算问题的延续以及最终核算结果的验证。

案例 5　深圳市宇驰检测技术股份有限公司（未过会）发审会问询问题

报告期发行人营业收入持续增长，毛利率高于同行业平均水平，销售费用率和管理费用率低于行业平均水平，应收账款期末余额增幅较大。请发行人代表说明：（1）营业收入大幅增长的原因，报告期函证及回函比例较低的原因及合理性，收入确认是否真实、准确、完整；（2）报告期毛利率高于行业平均水平的原因及合理性，各项业务检测平均单价整体呈下降趋势的原因及对未来盈利能力的影响；（3）销售费用率和管理费用率低于同行业可比公司均值的原因及合理性；（4）2017年年末、2018 年6 月末应收账款余额大幅增加的原因及合理性，是否存在放宽信用政策促进销售的情形。请保荐代表人说明核查依据、过程并发表明确核查意见。

附：公开披露信息

表42 公开披露信息

项目	2017年度		2016年度		2015年度
	毛利率	变动（百分点）	毛利率	变动（百分点）	毛利率
生态环境检测	54.44%	-2.78%	57.22%	-4.85%	62.07%
技术服务	75.42%	-10.60%	86.02%	3.36%	82.66%
在线监测设备销售	54.44%	—			
主营业务毛利	57.59%	-3.03%	60.62%	-3.05%	63.67%

表43 公开披露信息

单位：万元

项目	2017年度		2016年度		2015年度	
	金额	占营业收入比	金额	占营业收入比	金额	占营业收入比
销售费用	1338.78	7.19%	583.04	5.22%	438.57	5.69%
管理费用	3345.95	17.98%	2270.01	20.33%	1822.78	23.66%
财务费用	-8.79	-0.05%	41.33	0.37%	6.23	0.08%
合计	4675.94	25.12%	2894.38	25.92%	2267.58	29.43%

小兵评析 ▶

发行人业务比较好理解，就是做环境监测业务的。小兵一直在强调，财务指标是具体的、单独的，但是综合起来反映的就是发行人的行业地位和竞争力问题，这才是这个问题的核心。其实毛利率高、期间费用低、应收账款以及存货的问题，每个行业、每个企业都有不同的原因和理由，只要能说清楚就可以，高或者低都没问题。关键是，发行人是否能让监管机构和审核人员对企业的经营建立足够的信任，对企业未来的发展有足够的信心，这才是最重要的。

案例6　苏州规划设计研究院股份有限公司（未过会）发审会问询问题

发行人报告期内毛利率持续上升，省外规划业务毛利率显著低于省内项目，可比上市公司毛利率持续下降，报告期建筑工程设计业务毛利率明显低于同行业平均水平。请发行人代表说明：（1）各类型规划设计项目单价，分析对应的收费标准来源及可比性，2017－2018 年镇总体规划类别单价异常的原因；（2）结合相同区域可比上市公司启迪设计业务类型、人均创收、人均薪酬、成本构成等差异情况，说明工程设计毛利率低于同行业的原因及合理性；（3）发行人主营业务的成本收入构成中人工成本占比数据的计算方式，成本较低的各项因素影响程度及其合理性，与其人均薪酬占人均创收比例的差异情况及原因；（4）结合同行业可比公司、市场竞争状况、行业地位等说明规划设计业务毛利率较高的原因及合理性，特别是显著高于同行业可比公司深圳新城市的原因及合理性；（5）说明总体规划、控制性详细规划、修建性详细规划的毛利率是否存在差异及原因，省外规划业务毛利率显著低于省内项目的原因；（6）结合 2019 年一季度发行人收入规模、毛利率、净利润率情况，说明发行人在 2019 年度是否存在业绩下滑的风险。请保荐代表人说明核查依据、过程并发表明确核查意见。

附：公开披露信息

表 44　公开披露信息

项目	2017 年度		2016 年度		2015 年度	
	毛利（万元）	毛利率（%）	毛利（万元）	毛利率（%）	毛利（万元）	毛利率（%）
规划设计	6722.53	53.68%	5127.82	54.43%	3855.09	57.83%
其中：城乡规划	4087.89	54.57%	3705.51	56.08%	1997.29	57.31%
交通规划	1633.29	52.36%	980.56	49.93%	1364.99	60.36%

续表

项目	2017 年度		2016 年度		2015 年度	
	毛利（万元）	毛利率（%）	毛利（万元）	毛利率（%）	毛利（万元）	毛利率（%）
市政规划	869.12	52.03%	405.82	52.30%	312.60	52.34%
景观规划	132.23	54.76%	35.93	49.08%	180.20	55.92%
工程设计	3383.34	35.66%	2415.94	30.85%	2232.30	33.00%
其中：建筑工程设计	833.48	27.80%	979.15	27.29%	946.42	26.04%
市政工程设计	2176.19	38.60%	1082.13	31.34%	1122.14	39.96%
景观工程设计	334.94	44.29%	163.41	40.58%	137.05	45.95%
其他工程设计	38.73	40.93%	191.25	49.29%	26.70	36.34%
合计	10,105.87	45.91%	7543.76	43.73%	6087.39	45.32%

小兵评析 ▶

这个观点，小兵以前说过多次了，这里再重申一下：发行人的技术优势、行业地位、上下游的话语权、市场竞争力等经营因素最终都会通过毛利率这个指标来体现。

本问询问题对发行人的毛利率问题进行了深入的关注，并且是从不同的角度和维度关注的：（1）省外项目毛利率远低于省内，体现出发行人异地开拓业务能力不足；（2）自身毛利率远低于同区域可比公司启迪设计，说明发行人在同一个行业同一个区域的竞争力输给其他企业；（3）关注人工成本的归集和核算，其实关注的是发行人毛利率水平的真实性；（4）结合毛利率变化，以及 2018 年和 2019 年一季度的业绩情况，关注发行人是否存在 2019 年业绩大幅下滑的风险。

四、采购内容核查

技术服务类企业的营业成本除了业务开展中发生的主要人力成本

之外，还会存在一些对外采购的成本。与其他生产型企业对外采购的是原材料、能源以及机器设备不同，技术服务类企业一般是采购劳务。采购劳务的具体内容包括劳务分包、技术开发、工程咨询等各种内容。

对外采购劳务主要是服务类企业特有的一种模式，其他传统制造类企业就算存在这种情形，一般也是频率不高、金额不大。这样的采购最典型的问题就是：没有明确的定价依据以及没有明确的采购量化标准，审核中自然会关注到采购的真实性和合理性，关注是否存在通过采购利益输送或者替发行人垫付成本费用的情形。

案例7 吉大通信（代码：300597）发审会问询问题

申报材料显示，报告期内，劳务采购占通信网络设计业务成本分别为22.43%、18.70%、24.13%和25.01%，外协人员主要负责概预算基础数据的初级统计、勘察工作的具体测量等较基础、初级的工作，发行人主要负责项目可行性研究、项目建设方案制订等涉及设计原则、模板、方案类的工作。请发行人代表说明：劳务采购的真实性、合规性。请保荐代表人说明核查情况。

小兵评析 ▶

发行人将劳务采购的内容与发行人自身业务的区别和联系做了解释，其实服务行业的劳务采购和生产企业的外协加工基本上是一个逻辑，只是因为采购的劳务不是有形的，核算起来更加复杂而已。

案例8 苏州建科院（过会）发审会问询问题

请发行人代表结合报告期内员工人数变化情况、发行人向苏州新圣宏劳务服务有限公司采购金额的变动情况和总体用工成本情况，进一步说明：发行人劳务用工是否符合劳务派遣相关规定，是否存在其他损害劳动者利益的情形及潜在纠纷，是否存在被行政处罚的风险，相关信息和风险是否充分披露。请保荐代表人发表核查意见。

附：公开披露信息

截至2016年12月31日，发行人在册职工922人，派遣员工9人，员工人数及变化情况如下（见表45）：

表45 发行人员工人数及变化情况（截至2016年12月31日）

时间	2016-12-31	2015-12-31	2014-12-31
在册人数（人）	922	849	783
派遣人数（人）	9	283	300
员工总数（人）	931	1132	1083
派遣员工占比	0.97%	25.00%	27.70%

表46 劳务采购报告期前五大供应商

年度	供应商名称		采购内容	采购金额（万元）	采购占比	是否新增供应商	新增供应商原因
2016年	1	苏州新圣宏劳务服务有限公司	劳务	1646.72	49.41%	否	
	2	成都友邦劳务服务有限公司	劳务	1179.44	37.39%	否	
	3	苏州好阳光劳动服务有限公司	劳务	144.73	4.34%	否	
	4	苏州信益德劳务派遣有限公司相城分公司	劳务	110.22	3.31%	否	
	5	苏州市安详建筑劳务服务有限公司	劳务	80.00	2.40%	是	补充新的劳务公司，分散劳务用工
	合计			3161.11	94.84%		

续表

年度	供应商名称		采购内容	采购金额（万元）	采购占比	是否新增供应商	新增供应商原因
2015 年	1	苏州新圣宏劳务服务有限公司	劳务	2382. 19	80. 07%	否	
	2	苏州好阳光劳动服务有限公司	劳务	343. 63	11. 55%	否	
	3	成都友邦劳务服务有限公司	劳务	116. 86	3. 93%	是	补充新的劳务公司，分散劳务用工
	4	苏州佳泽华企业管理有限公司	劳务	56. 89	1. 91%	否	
	5	苏州信益德劳务派遣有限公司相城分公司	劳务	50. 00	1. 68%	是	补充新的劳务公司，分散劳务用工
	合计			2949. 57	99. 14%		
2014 年	1	苏州新圣宏劳务服务有限公司	劳务	2415. 59	78. 74%	否	
	2	苏州好阳光劳动服务有限公司	劳务	458. 86	14. 96%	否	
	3	苏州佳泽华企业管理有限公司	劳务	173. 54	5. 66%	否	
	4	苏州金汇峰建筑劳务有限公司	劳务	20. 00	0. 65%	否	
	合计			3067. 99	100. 00%		

小兵评析 ▶

这个案例主要描述的是劳务派遣用工的情形，在某种意义上可以看作另外一种形式的劳务采购。关于劳务派遣或者劳务外包的问题，小兵以前说过很多次，这里就不再赘述了。

五、资质要求及人员挂靠

前面我们提到，很多行业的经营都会涉及相关资质的情形。技术服务类企业又有些不同之处，其他行业的资质可能跟固定资产、注册资本、知识产权、业务数量等相关因素有关，而技术服务类行业主要就是跟专业人员有关。因而，技术服务类企业不只要关注资质问题，更要关注人员的资质是否符合要求的问题，实践中主要就是人员挂靠的问题。

许多技术服务类业务有严格的资质要求和等级划分，企业只能在自己所取得的资质范围内开展业务，因而还需要关注是否存在无资质经营或者超越资质经营的情形。此外，还要关注企业是否存在为了取得资质还将部分人员从业资格挂靠的情形，因为不同的业务资质对应着不同数量和比例的具有资格的从业人员。关于人员挂靠问题，核查中需要结合劳务合同签署、社保和公积金缴纳、具体项目参与等具体情形来判断。

做投行项目，我们很多时候都要遵守“实质重于形式”原则去判断问题，那么如何认定人员挂靠就是需要我们通过实质看问题的一个典型例证，毕竟这样的问题，从形式上来看肯定是合规的。

案例 9　杰恩设计（代码：300668）发审会问询问题

发行人报告期营业收入为 12,714.09 万元、14,845.85 万元、18,305.07 万元，其中各子公司营业收入为 7070.93 万元、10,154.65 万元、8325.60 万元，子公司营业收入占比为 55.38%、68.40%、45.48%；报告期净利润为 2550.62 万元、3309.48 万元、4082.61 万元，其中各子公司净利润为 2041.30 万元、2960.13 万元、2086.73 万元，子公司净利润占比为 80.03%、89.44%、51.11%。因发行人子公司不具有资质，报告期大量存在以子公司名义签订合同、以发行人名义出图纸并加盖公章，或者以发行人名义签订合同、以子公司名义承做业务的情形。请发行人代表说明：（1）认定没有资质的子公司签订或者承做需要资质的业务不违反相关法规规定的依据；（2）发行人母公司所得税税率为25%，主要子公司所得税税率为15%、16.5%，报告期母公司实现净利润较低，其中2015年实现净利润为349.35万元，仅占发行人合并净利润的10.56%，母公司净利率为3.19%，主要子公司姜峰（深圳）的净利率为45.05%。请发行人代表说明：是否存在调节和转移利润规避纳税义务的情形。请保荐代表人发表核查意见。

附：公开披露信息

报告期内，公司存在以子公司名义签署合同、由母公司最终出具施工图纸并加盖图章的情况，涉及的项目金额、收入金额情况如下（见表47）：

表47 报告期内，公司存在子公司名义签署合同、由母公司最终出具施工图纸并加盖图章的情况，涉及的项目金额、收入金额

单位：万元

项　目	2016年度	2015年度	2014年度
签署合同金额	173.64	4611.01	5373.47
占当期合同签署金额比例	0.59%	23.12%	24.70%
当年确认收入	1439.30	4127.09	3442.13
占当期营收比例	7.86%	27.80%	27.07%

截至本招股说明书签署之日，公司共有8家全资子公司，分别是北京姜峰、大连姜峰、上海姜峰、博普森机电、杰加设计、杰拓设计、姜峰（香港）、姜峰（深圳）；1家参股公司置恩（上海）。

公司各子公司的设立，具有合理的业务背景，是业务开展的自然结果，对于利润规模较大的子公司，包括杰拓设计、姜峰（深圳）等，其业务体量、利润规模的形成系公司整体设计业务开展的自然结果，与相应子公司的业务定位相匹配，具有合理的业务背景与业务支撑，不存在通过母子公司之间、子公司之间调节收入利润从而规避纳税义务的情形。

报告期内，公司存在以子公司名义签署合同、由母公司最终出具施工图纸并加盖图章的情况，涉及的项目金额、收入金额情况如下：

报告期内，公司子公司与客户签订的室内设计合同，其合同主体包括动线设计、公共区域导视标识系统设计、公共区域装饰设计、陈设艺术品设计等内容。该等合同的内容核心在于提供创意及艺术服务，满足消费者对于空间、美感、行动效率等综合要求，不存在重大安全性要素，子公司具备开展上述设计工作的技术水平及技能。有关合同中，仅在局部环节及阶段涉及出具施工图这一项内容需要有资质的单位出具，对于该事项，公司也已与业主单位达成共识，由母公司配合出具。上述事项不影响上述合同的有效签署及执行。在出具施工图文件的环节，由公司母公司对施工图进行确认、完善，并履行内部质量审核流程，加盖公章并报送业主，公司母公司具备建筑装饰工程设计专项甲级资质，符合资质管理的相关规定。前述设计项目正常执行，业主单位对阶段性设计成果均进行了确认，并依据合同的约定支付设计费用，并未就该事项产生任何争议或异议。

上述业务实践过程本身并未违反现行法规关于资质管理的要求，也不影响双方业务合同的有效签署，合同执行与业务开展不受影响，不构成重大违法违规行为。

小兵评析 ▶

对于子公司因为没有资质只是签合同再由发行人来承做的情形，审核机构核心关注点在于发行人是否通过这种方式规避相关资质。这里发行人也做了解释，小兵觉得在一定程度上也可以理解，毕竟业务合作关系还都是在上市主体内。更重要的是，这样的业务模式的金额和比例并不是很高，已经从2014年的27%降低到2016年的7%，占比已经在10%以下。

六、其他关注问题

我们研究行业重点关注的问题，必然会涉及这样一个现实困境：不同的行业自然存在特有的一些模式和重点关注的问题，但是也有一些问题是共通的。为了避免重复，有些问题我们只在某一个行业做重点解释和说明，但是对于不同的行业分析者来说，我们在某个行业简略了某个问题，就会影响到这个行业读者的完整性判断，因而我们会将某些已经论述的问题在其他行业做简单提示，必要的时候会做索引。后续遇到类似情况我们会做同样的处理，请各位读者知晓。

（一）应收账款

这应该是一个很简单的财务问题，很多行业的企业也会存在应收账款金额较大的问题。关于这个问题，小兵觉得还有一点值得关注，那就是应收账款账龄的问题。在审核实践中，规划设计类公司应收账款账龄一年以内的占比是相对比较低的，有的甚至只有 60% 左右，审核中自然关注到应收账款是否存在回收风险，甚至下游客户是否存在经营困难。

案例 10 上海悉地工程设计顾问股份有限公司（未过会）发审会问询问题

发行人报告期内营业收入及净利润呈下降趋势，应收账款余额及占营业收入比例呈逐年上升趋势，信用期外应收账款金额持续增长，且应收账款周转率低于同行业可比公司。请发行人代表说明：（1）业绩持续下滑的原因；（2）外部的经营环境是否已经发生了重大变化，是否对发行人的持续盈利能力构成重大不利影响；（3）信用期外应收账款持续增长的原因及合理性，应收账款信用政策前后是否一致；（4）应收账款周转率低于同行业可比公司的原因及合理性；（5）应收账款坏账准备计提是否谨慎、充分。请保荐代表人说明核查过程、依据，并发表明确核查意见。

附：报告期各期末，公司应收账款账面价值分别为 129,315.80 万元、155,260.41 万元和 165,786.63 万元，占流动资产比例分别为 73.54%、70.70% 和 71.72%。

小兵评析 ▶

应收账款金额大幅增加和应收账款占营业收入比重大幅提高的问题，是一个在 IPO 审核过程中非常普遍的问题。当然，这也是一个开放性的问题，是允许企业充分解释自我证明的，无论审核通过的企业还是否决的企业都会被关注这个问题。发行人应收账款金额增加或者账龄发生一些变化，只要符合行业惯例和会计准则要求，就可以得到认可。不过，具体到本案例的发行人，由于发行人报告期内收入和净利润都处于持续下滑的情形，再加上应收账款的问题，综合考虑可能会进一步加大对发行人未来持续盈利能力的担忧。

案例 11 设计总院（代码：603357）发审会问询问题

请发行人代表说明：(1) 报告期各期期末应收账款余额较高且逐年上升的具体原因和合理性，是否会对发行人的业绩和持续经营产生不利影响；(2) 结合信用期限、期后回款时间，补充说明报告期各期是否存在通过放宽信用政策刺激销售的情况；(3) 发行人应收账款回款进度是否与所签署合同的约定付款条件相吻合，无法按合同约定条件进行回款的主要原因，发行人是否有有效的应对措施，相关内控执行情况是否有效；(4) 是否存在通过第三方公司回款的情形，是否存在会计期末以外部借款、自有资金减少应收账款、下期初再冲回的情形；(5) 结合发行人各期末应收账款账龄情况、报告期坏账实际核销情况、发行人与同行业可比公司坏账计提政策对比情况，说明坏账准备计提比例是否谨慎、充分。请保荐代表人发表核查意见。

附：公开披露信息

报告期各期末，公司应收账款账龄情况如下（见表 48）：

表 48　公司应收账款账龄情况

单位：万元、%

账龄	2016 年 12 月 31 日			
	账面余额	比例	坏账准备	账面价值
1 年以内	47,051.03	47.22	2352.55	44,698.48
1 年至 2 年	18,867.87	18.93	1886.79	16,981.09
2 年至 3 年	16,633.46	16.69	4990.04	11,643.42
3 年至 4 年	6833.81	6.86	3416.90	3416.90
4 年至 5 年	5298.21	5.32	4238.57	1059.64
5 年以上	4967.47	4.98	4967.47	—
合计	99,651.84	100.00	21,852.32	77,799.53
账龄	2015 年 12 月 31 日			
	账面余额	比例	坏账准备	账面价值
1 年以内	41,885.78	45.34	2094.29	39,791.49
1 年至 2 年	23,428.21	25.36	2342.82	21,085.39
2 年至 3 年	11,880.51	12.86	3564.15	8316.36
3 年至 4 年	8365.56	9.05	4182.78	4182.78
4 年至 5 年	2318.63	2.51	1854.90	463.73
5 年以上	4510.93	4.88	4510.93	—
合计	92,389.62	100.00	18,549.88	73,839.75
账龄	2014 年 12 月 31 日			
	账面余额	比例	坏账准备	账面价值
1 年以内	42,194.32	50.93	2109.72	40,084.60
1 年至 2 年	21,105.51	25.48	2110.55	18,994.96
2 年至 3 年	10,980.57	13.26	3294.17	7686.40
3 年至 4 年	3232.31	3.90	1616.15	1616.15
4 年至 5 年	4343.44	5.24	3474.76	868.69
5 年以上	988.18	1.19	988.18	—
合计	82,844.33	100.00	13,593.52	69,250.80

小兵评析 ▶

这是一个关于应收账款账龄问题的典型案例。发行人账龄在一年以内的应收账款占比逐年下降，最后一期已经不足 50%，而 2－3 年账龄的应收账款占比是在增加的。当然，应收账款我们最直接关注的就是坏账计提比例是否稳健的问题，很多人会认为只要严格按照准则计提坏账比例，即使账龄期限长也没有大问题。但是，从另外一个角度来说，如果发行人客户的回款非常缓慢，甚至远远超过了信用周期，那么我们需要关注的是：其一，下游客户是否存在经营困难，是否存在应收账款根本无法回收的风险；其二，就算客户是大型企业，不存在经营问题，但是发行人是否跟客户合作没有足够的竞争力和话语权，从而导致回款困难。

（二）招投标的获取客户方式

从审核实践来看，如果存在招投标瑕疵的情形，金额很小且占比非常低（1% 或者不超过 5%），可能不构成实质性障碍，反之可能是 IPO 审核非常重大的不利风险。

案例 12　苏州规划设计研究院股份有限公司（未过会）发审会问询问题

报告期内发行人存在应履行而未履行招投标程序的项目，且惠州分公司曾受到行政处罚。请发行人代表说明：（1）合同投标和中标过程中，是否发生与招投标相关的费用；（2）过往及正在履行的招标合同中存在招标程序瑕疵的业务合同，相关款项的回收期及回收情况，是否存在后续无法回收款项等情形；（3）客户未履行招投标程序或获得上级主管部门批准，发行人是否需承担相应责任，发行人是否涉及不正当竞争或其他不规范事项；（4）是否存在配合发包方通过分拆等形式规避招投标程序承接业务的情形；（5）未履行招投标程序签订的合同是否有被认定为无效的法律风险，是否存在合同被撤销风险，是否存在法律纠纷或潜在纠纷，相关内控机制是否健全并有效运行。请保荐代表人说明核查依据、过程并发表明确核查意见。

附：公开披露信息

发行人应招标但未履行招投标程序的项目可能存在合同被认定为无效的风险，但对发行人本次发行上市不构成实质性法律障碍，不存在法律纠纷。

发行人报告期内承接的部分项目应履行招投标程序而未履行，不符合《招标投标法》《招标投标法实施条例》的相关规定。发行人与发包方就该等项目签署的业务合同因违反前述规定可能存在被认定为无效的风险，但该等风险对发行人本次发行上市不构成实质性法律障碍，具体如下：

1. 对于应履行招标的项目而未履行招投标程序的，《招标投标法》《招标投标法实施条例》等有关招投标的法律、行政法规中仅规定了对招标方的行政责任，并未明确规定未履行招投标程序情形下签署的设计业务合同无效。

虽然根据《合同法》第 52 条第 5 项的相关规定，违反法律、行政法规强制性规定的，合同无效，但根据《最高人民法院关于适用〈中华人民共和国合同法〉若干问题的解释（二）》（法释〔2009〕5 号）的相关规定，《合同法》第 52 条第 5 项规定的“强制性规定”，是指效力性强制性规定。即违反效力性强制性规定的合同方能依据《合同法》第 52 条第 5 项的规定被认定为无效。《民法总则》第 153 条亦规定，违反法律、行政法规的强制性规定的民事法律行为无效，但是该强制性规定不导致该民事法律行为无效的除外。

鉴于《招标投标法》《招标投标法实施条例》并未明确规定违反其有关招投标的强制性规定将导致合同无效，现行有效的法律、行政法规及司法解释亦未明确《招标投标法》《招标投标法实施条例》中有关建设工程设计招标的规定属于效力性强制性规定，因此，发行人与发包方就应履行招投标程序而未履行的项目所签署的设计业务合同，并不必然会被认定为违反法律、行政法规的“强制性规定”，从而被认定为无效。

2. 即使合同被认定为无效，发行人实际遭受损失的可能性较小

根据《民法总则》第 157 条的相关规定，民事法律行为无效、被撤销或者确定不发生效力后，行为人因该行为取得的财产，应当予以返还；不能返还或者没有必要返还的，应当折价补偿。有过错的一方应当赔偿对方由此所受到的损失；各方都有过错的，应当各自承担相应的责任。法律另有规定的，依照其规定。

根据《合同法》第 58 条的相关规定，合同无效或者被撤销后，因该合同取得的财产，应当予以返还；不能返还或者没有必要返还的，应当折价补偿。有过错的一方应当赔偿对方因此所受到的损失，双方都有过错的，应当各自承担相应的责任。

因此，若发行人与发包方就应履行招投标程序而未履行的项目所签署的设计业务合同，被认定为无效或者被撤销，虽然发行人因该等合同所取得的设计费等收入应当返还给发包方，但发包方因该等合同所取得的发行人给付的设计成果，同样应返还给发行人，鉴于该等设计成果已被发包方利用，无法返还或没有必要返还给发行人，因此，发包方因参考发行人实际支出的设计成本及设计费收取的市场价格等对发行人进行折价补偿。同时，根据《招标投标法》《招标投标法实施条例》等的相关规定，履行招投标程序的义务、责任及实施主体均为发包方而非发行人，发行人对于合同未履行招投标程序不存在故意或重大过失，发行人亦无法决定发包方采取何种方式发包。因此，即使在该等合同被认定为无效或者被撤销的情形下，发行人仍可依据《民法总则》及《合同法》的上述规定向发包方通过主张折价补偿、赔偿损失等方式就其已开展的工作或遭受的损失主张权益。因此，发行人实际遭受损失的可能性较小。

综上，即使合同被认定为无效或被撤销，发行人实际遭受损失的可能性较小，该等合同被认定为无效或被撤销，对发行人的业绩不会造成重大不利影响。

3. 报告期内发行人签署的该等业务合同不存在被认定为无效、被撤销或解除的情形，发包方对合同的执行不存在异议或法律纠纷

报告期内，发行人所签署的业务合同不存在因相应项目应履行招投标程序

而未履行，从而被司法机关或仲裁机构认定为无效、被撤销的情形，不存在因未履行招投标程序而导致合同解除的情形，不存在发包方或其上级部门因未履行招投标程序而要求终止合同的情形，不存在因合同无效、被撤销或解除而向发包方返还财产（即所获得的项目设计费及其他收入）或赔偿发包方损失的情形，亦不存在发包方或任何第三方因该等业务合同所对应的项目未履行招投标程序，而通过诉讼或仲裁的方式主张该等合同无效的情形。

发行人报告期内主要客户对与发行人签署的合同的合法有效性及其履行不存在任何异议或纠纷；对于尚未履行完毕的合同，在发行人依约履行的情形下，该等客户将依约向发行人支付剩余全部款项并履行其他合同义务；对于已经履行完毕的合同，该等客户不存在任何异议或纠纷。报告期内，发行人与发包方之间不存在因双方所签署的业务合同所对应的项目，应履行招投标程序而未履行，从而发生任何异议、纠纷或潜在纠纷。

4. 就该等项目未履行招投标程序，发行人无须承担行政责任；报告期内，发行人亦不存在因项目未履行招投标程序而被行政处罚或承担行政责任的情形

《招标投标法》中仅规定应履行招投标程序而未履行情形下发包方需承担的行政责任，而未规定承包方因此应受何种行政处罚或需承担何种行政责任。因此，在应履行招投标程序而未履行的情形下，发行人无须承担行政责任，报告期内，发行人亦不存在因所承接的项目未履行招投标程序而被行政机关实施行政处罚或承担行政责任的情形。

5. 发行人已重视业务承接方式的合规性，报告期内，存在程序瑕疵的业务合同所确认收入的占比较小，且整体呈下降趋势

报告期内，发行人已重视业务的承接方式，重点关注项目招投标程序的规范性。就发行人业务的承接方式事项，发行人承诺：原则上不再承揽根据《招标投标法》《招标投标法实施条例》等规定需履行招投标程序而发包人选择直接委托的项目，对于确有必要承揽的项目，经发行人高级管理人员集体讨论一致同意后方可承揽。

报告期内，发行人通过招投标方式承揽项目所确认收入的占比整体呈上升

趋势，通过直接委托方式承揽项目所确认收入的占比整体呈下降趋势；发行人通过应履行招投标程序而未履行的项目所确认收入及占比逐年降低，2015年至2017年的具体金额分为别1354.74万元、1263.55万元和1107.14万元，占收入比重分别为10.09%、7.32%和5.03%。因此，发行人存在程序瑕疵的业务合同所确认收入的占比较小，且报告期内逐年下降。

6. 实际控制人就履行招投标程序而未履行的项目出具兜底承诺

报告期内发行人不存在通过不正当竞争或商业贿赂等方式获取项目的违法违规行为：

报告期内，发行人不存在商业贿赂等违法违规行为；除发行人因在一招标项目的投标方式不符合投标的相关规定，而被惠州市城市管理行政执法局处以5.1371万元罚款的违规事项外，发行人不存在其他的不正当竞争等违法违规行为。

发行人实际控制人李锋、钮卫东、张靖和朱建伟已出具说明承诺，确认报告期内发行人不存在商业贿赂等违法违规行为；除发行人因在一招标项目的投标方式不符合投标的相关规定，而被惠州市城市管理行政执法局处以5.1371万元罚款的违规事项外，发行人不存在其他的不正当竞争等违法违规行为；若发行人后续因报告期内的项目承揽方式被认定为不正当竞争或商业贿赂等违法违规情形，因而被主管部门实施行政处罚等，其承诺以其个人财产弥补发行人因此遭受的损失，确保发行人利益不受损害，并将在其职权范围内督促发行人合规运营。

客户主要经办人员与发行人实际控制人、控股股东、董监高、其他核心人员不存在关联关系，不存在委托持股或其他利益安排的情形：

发行人客户的主要领导、核心技术人员、项目主要经办人员及其关系密切的家庭成员与发行人实际控制人、控股股东、董事、监事、高级管理人员、其他核心人员不存在关联关系，不存在委托持股或其他利益安排的情形。

小兵评析 ▶

本案例发行人，报告期每年存在招投标瑕疵或者违规行为的金额都超过1000 万元并且占比超过 5%，这算是相对比较严重的一个瑕疵。另外，由于发行人本身经营业绩规模就比较小，如果将这些不合规的业务收入剔除，可能无法满足基本的创业板审核业绩标准。

关于招投标合法合规性问题，本来是没有什么争议的，但是发行人还是从法律规定的角度做了很多的解释，查找了很多资料，可以作为我们业务学习非常重要的参考。

第八章

化工行业 IPO 审核要点

Chapter 8

在 A 股市场，不论是上市公司的数量还是市值，化工企业应该都会占据非常重要的位置，这与化工行业分工很细致、产业链很长、市场容量非常巨大有着直接的关系。

简单来讲，化工行业在经营实践中具备以下比较明显的特征：

1. 重资产经营。化工企业一般都需要面积非常大的厂区以及大规模的生产线，这就要求在前期需要投入较大的资金，来购买土地房产以及相关的机器设备。对于化工企业来说，初期的投入资金规模可能就要几十亿元甚至百亿元，因而资金密集是化工行业经营的一个非常关键的竞争门槛。

2. 周期性很明显。化工行业尽管产业链延伸得很长且行业分工具体明确，最上游基本上都要跟原油挂钩，因而原油价格会直接影响到化工行业的整个发展趋势。实践中，会存在油价下降，化工行业扩大产能，然后供应大于需求，产能降低，逐渐供不应求，价格上升这样的一个周期性循环（类似农业行业）。化工行业有“三年河东，三年河西”的说法，说的就是行业的强周期性。

3. 竞争激烈，很多处于充分竞争状态。这个行业产业链非常长，参与的市场主体非常多，市场竞争也相当激烈。正是因为参与市场主体发展成熟，这个行业也几乎透明得没有任何秘密可言，不论是行业数据还是财务指标，每一个企业基本上都在一个相对比较固定的区间内，如果发行人违反了这样的规律，就可能被重点关注。

4. 业绩规模相对较高。化工企业一般业绩规模比较大，不考虑毛利率因素，净利润规模在 1 亿元以上算是化工行业的平均水平。

5. 行业范围很宽广，毛利率差异很大。化工行业是一个大的行业，可以划分为很多小的子行业，比如传统化工行业和精细化工行业，精细化工行业还可以分为医药化工和工业化工等不同分类。因而，从财务指标的角度来说（尤其是毛利率），尽管发行人都属于化工行业，但是由于具体业务以及面对的竞争环境不同，可能会存在非常大的差异。

化工行业还属于典型的传统制造行业的范畴，一些传统制造行业普遍存在的特点自然也就具备。除此之外，根据 IPO 审核实践，我们总结了几个相对特殊的关注问题，具体如下：原材料价格波动、环境保护、安全生产、固定资产减值测试、毛利率差异分析等。

一、原材料价格波动

一般情况下，化工行业的生产成本大部分都是原材料成本，很多企业原材料占比超过 70%，在这种情况下原材料价格变动会直接影响到发行人的生产经营。化工行业的上游原材料基本上是石油的副产品或者衍生物，原油价格的变动直接会影响到相关石化产品的价格，而最近几年原油价格波动较大也直接反映到对化工行业经营业绩的影响上。

单纯从财务的角度看，实践中会关注发行人采购原材料的内部控制措施、原材料采购价格是否与公开市场价格保持一致、是否存在囤货以及跌价减值的情形、原材料的采购和领用是否完全真实合规等。

关于原材料价格波动，这里还会涉及企业与客户的博弈和定价问题，这主要体现在：原材料价格波动时，产品销售价格是否要跟着变动；产品销售价格变化是否明确对应原材料价格波动区间；在价格传导机制并不是非常顺畅的情况下，原材料价格波动因素如何消化分摊等。

案例 1　安徽泰达新材料股份有限公司（未过会）发审会问询问题

发行人主要产品偏苯三酸酐销售价格低于同行业可比公司，主要原材料采购价格高于同行业上市公司，请发行人代表结合发行人的产量、市场销量、占有率远低于可比公司的情况说明：（1）主要产品单位生产成本低于同行业可比公司的合理性；（2）各类产品的投入产出率的变化情况；（3）燃料动力、水电单耗大幅下降的原因。请保荐代表人发表核查意见。

小兵评析 ▶

很多人都会问，在 IPO 审核和核查过程中为什么对毛利率问题那么关注，小兵觉得有以下原因：（1）从基本的财务数据和指标上来看，毛利率是企业生产经营最终且全面的体现和反映，反映了企业的原材料采购、生产流程控制以及产品销售等各个方面的问题。（2）从行业竞争角度来讲，一个企业的毛利率水平，必然反映了这个企业在这个行业竞争中的产品定价能力以及话语权，同样也体现了企业产品的竞争力和附加值。（3）从具体的因素来说，一个企业的毛利率比别人高，必然要体现在产品销售单价比别人高、原材料采购价格比别人低、生产工艺流程更加先进、投入产出比更高或者能源消耗比更低等其中的一个因素或者多个因素。一个企业如果在行业中有话语权和竞争力，那么必然会在采购生产销售的各个环节占有优势，反之亦然。

具体到本案例的发行人，审核中主要关注到在发行人行业地位和市场竞争力不高的情况下，发行人原材料采购价格高于同行，为什么产品单位成本还要比别人低呢？我们都知道化工行业原材料可能要占到整个产品成本的 70% 左右，如果原材料价格高而单位成本还低，必然要在人工、损耗、水电费等方面做很多努力，这也就是监管机构的关注要点所在，显然发行人没有对这个焦点问题作出让人信服的解释。

案例 2 正丹股份（代码：300641）反馈意见

根据披露，报告期内，发行人直接材料成本占营业成本比重在 80% 以上。请发行人代表说明：

1. 补充披露报告期内偏三甲苯、芳烃混合物采购数量存在较大波动的原因，异辛醇、醋酸、芳烃混合物采购数量在2015年度大幅增加同时偏三甲苯采购数量较上期出现下降的原因，分析说明原材料采购数量变动与主要产品产量的对应关系。

2. 说明原材料采购价格波动与国际原油价格的对应关系，主要的参照指标，招股说明书关于偏苯三酸酐、偏苯三酸三辛酯价格的确定依据和来源，相关披露是否客观、真实、准确。

3. 按照各类别原材料分别说明报告期内主要供应商名称、交易金额及占比，是否为新增供应商，发行人股东、实际控制人、董监高是否与供应商、客户存在关联关系或其他利益安排。

4. 说明招股说明书第117页关于“上述供应商倾向于向有长期合作关系的行业先入者供货或将偏三甲苯投入自用，对于新进入企业的采购订单抱有谨慎态度”的有关披露的具体依据，是否真实、准确、客观，行业原材料供应壁垒是否显著存在。请保荐机构说明核查过程，并结合上述情况，进一步分析说明并补充披露，主要原材料的市场供应情况对发行人生产经营的影响，发行人如何保持稳定的供货来源。

小兵评析 ▶

这个反馈意见还是很恰当地体现了原材料价格波动对于发行人经营的影响，尤其是在原材料占成本比例超过80%的情况下。反馈意见主要关注到：原材料价格变动的原因和趋势、发行人采购原材料的数量与正常使用的数量是否匹配、是否存在通过原材料贸易实现收益的情形、原材料价格与国际油价波动的趋势是否一致等。从另外一个角度来说，化工行业的发行人如果原材料占比非常高，那么发行人的毛利率就可能不会很高，因而发行人毛利率水平与原材料价格会有着非常敏感的逻辑关系（敏感性分析）。另外，对于低毛利率且收入规模超大的企业来说，毛利率的小幅变动就会影响到发行人净利润的规模，因而保证毛利率的精确就显得尤为重要了。

二、环境保护

化工行业在环保、安全生产等方面有着特殊性，国家有明确的监管政策并且监管很严格。化工行业基本上都涉及环保问题，尽管现在在国家强压政策下，化工企业都采取了积极的措施整改环保问题，并且也都取得了良好的效果，不过化工行业的环保问题永远都需要重视。

环保问题常规关注就是发行人环保设备的运行情况、环保资金的投入情况、环保效果的验收情况，主要核查发行人环保投入与业务规模是否匹配，是否存在规避环保义务的情形。此外，环保问题可能会引起大规模的集体纠纷或者诉讼，还需要重点关注环保事故对发行人经营业绩的影响，以及这样的影响是不是已经彻底消除。这里的影响可能包括：停产整改的损失、增加环保设备的成本、赔偿相关人员的损失等。

案例 3　苏利股份（代码：603585）发审会问询问题

请发行人代表说明：（1）报告期内和截至目前发行人的环保守法情况和各项环境保护内控制度建设和执行情况，是否符合相关环保法律法规、国家和行业标准的要求，是否发生过环保事故，是否曾受到环保主管部门的行政处罚；（2）发行人有关污染处理设施的运转是否正常有效，报告期内环保相关费用成本及未来支出情况、相关环保投入、环保设施及日常治污费用是否与处理发行人生产经营所产生的污染相匹配。请保荐代表人发表核查意见。

附：公开披露信息

1. 环保风险

发行人主营业务为农药、阻燃剂及其他精细化工产品的研发、生产和销售，所处行业属于化学原料和化学制品制造业，根据环发〔2003〕101 号文的相关规定，发行人所属行业类型为重污染行业。发行人自成立以来，一直注重环境保护和治理工作，本着“发展生产与环境保护并重”的原则，按照绿色环保要求对生产进行全过程控制，推行清洁生产，充分回收利用“三废”，将“三废”减少到最低限度。公司通过了 ISO14001 环境管理体系国际认证，建立了较为完善的环境保护管理体系，为进一步提升公司环境管理水平提供了组织和制度保障。截至本招股说明书签署日，公司未出现过重大环保事故，不存在因发生环境污染事件受到有关部门的重大行政处罚。目前公司已通过了江苏省环保厅的上市环保核查，本次募集资金投资项目也获得了无锡市环保局、泰兴市环保局和上海市浦东新区环境保护和市容卫生管理局的环境影响评价批复。

但是，公司仍存在由于不能达到环保要求或发生环保事故，而被有关环境部门处罚，进而对公司生产经营造成不利影响的风险。同时，随着国家对环保的要求越来越严格，以及社会对环境保护意识的不断增强，政府可能会颁布新的法律法规，提高环保标准，增加排污治理成本，从而导致公司生产经营成本提高，在一定程度上削弱公司的竞争力，影响收益水平。

公司所处的化工行业属于容易造成污染的行业，公司生产过程若控制不力会不同程度地对周围环境造成影响。虽然现阶段公司的各项环保指标已经达标，但随着国家环保标准的提高和惩罚措施的加重，公司必须不断加大环保投入，才能确保环保设施的正常运转，保证达标排放。

2. 环境保护

公司高度重视环保工作，严格贯彻执行国家和地方有关环境保护的法律法规。公司及控股子公司通过了 GB/T 24001－2005/ISO 14001－2004 环境管理体系认证。公司控股子公司苏利化学、百力化学具有江苏省环保厅核发的《危险废物经营许可证》。根据国家颁布的有关环境保护的政策法规，公司制定并严格实施环境保护等内部管理标准，建立环境事故应急机制，并从加大资金投入、优化工艺流程设计和增强设备性能入手最大限度地降低“三废”，使其均能达到相关环保标准。

公司生产经营过程中产生的主要污染物包括废水、废气、废渣以及噪声等。根据国家颁布的有关环境保护的政策法规，公司制定并完善了一系列内部管理制度，并严格执行法律法规、内部管理制度相关要求，并不断加大资金、设备以及人员等方面投入，优化工艺流程设计和增强设备性能，主要污染物均得到了有效处理，符合相关法律法规、国家和行业标准的要求。

报告期内，公司环保设施运转正常有效，环境保护符合相关环保法律法规、国家和行业标准的要求，未发生过环保事故，未受过环境保护部门的行政处罚。

小兵评析 ▶

环保问题中，对于化工等重污染企业来说是需要重点关注的，关注要点大家应该都已经很清楚了。这里还需要提示几点不应该忽视的内容：环保设备运行是否正常，环保投入以及日常处理费用与发行人生产经营所产生的污染是否相匹配，是否存在因为环保问题被处罚的情形，是否存在群体事件等。

案例 4　七彩化学（代码：300758）反馈意见

发行人子公司东营天正曾因排污超标、污水处理站存在违法行为而被处以罚款。请发行人补充披露报告期内公司生产经营中主要污染物的排放量、环保设施的处理能力及实际运行情况、报告期内环保投入和相关费用支出情况、环保投入与排污量匹配情况，是否受到相关行政处罚，是否存在违法违规行为，是否属于重大违法行为。请保荐机构和发行人律师对上述事项发表明确核查意见。

小兵评析 ▶

在环保问题上，最普遍的情形就是，排污超标或者污染物治理不达标因而被采取监管措施。在这个问题上，环保部门的处罚意见至关重要，而处罚的严重程度是跟罚款金额直接相关的，因而在企业出现环保问题的时候需要及时沟通做好善后处理工作，以免影响 IPO 的进程。

三、安全生产

化工行业在生产经营过程中，很多情况下都是要跟化学品接触并且发生化学反应，因而就很容易发生重大恶性的安全生产事故。安全生产比天大，这样的理念是永远不会变的，因而一般情况下国家对于安全生产都是强监管的政策。如果企业因为管理不善出现了安全事故，或者不能对监管政策变化做出及时的应对，都会影响到经营业绩。

关于安全生产，一般情况下需要主要关注：是否具备所有的生产许可证，是否具备必要的安全保护设备设施和相关制度，历史上是否存在因生产事故被处罚的情形，是否存在因为安全生产而存在纠纷或争议的情形。如果发生了重大安全生产事故，还需要重点关注到：事故发生的原因、事故整改的措施、整改措施的验收情况、补偿以及纠纷解决机制、对生产经营的影响等。

那么在 IPO 审核过程中，安全事故到底是怎样衡量和分类的呢？这个问题有两个规则文件是有明确界定的：一个是《安全生产法》，另一个是《生产安全事故报告和调查处理条例》；前者是全国人大常委会通过的基本法，后者是国务院配套的规章条例。在规则适用上，基本法优于条例，因此 2014 年修订的《安全生产法》优先于 2007 年出台之后就没有修订的《生产安全事故报告和调查处理条例》。

根据相关规则，发行人出现 3 人以下死亡或者 10 人以下重伤（不包括本数），且罚款 50 万元以下的为一般事故，可以出具证明确认不属于重大违法违规行为。这里存在规则规定相冲突的地方，这个就根据上位法优于下位法，新法优于旧法来执行。当然，如果新法没有规定的，仍旧执行旧法的相关规定。

案例 5　元利科技（代码：603217）发审会问询问题

发行人为化学品生产企业，环境保护和安全生产要求较高。请发行人代表结合江苏响水“3·21”特大爆炸事故，说明行业管理对发行人的影响，发行人是否存在安全生产隐患，安全生产制度有效性及实际执行情况，是否符合安全生产法律法规要求。请保荐代表人说明核查依据、过程并发表明确核查意见。

小兵评析 ▶

这个问题关注到了“3·21”江苏响水化工大爆炸案对行业的影响，以及重点关注发行人是否存在因为安全生产被处罚的情形，是否发生过群体事件等。从某种意义上来讲，在这样的一个风口浪尖，并且在发行人很重要的生产线存在搬迁风险的情况下，能够顺利通过审核，不只是发行人的胜利，更是 IPO 审核的胜利，这个确实值得赞赏。

案例 6　七彩化学（代码：300758）反馈意见

请发行人补充披露：（1）公司是否存在安全隐患或发生安全生产事故，如曾发生安全生产事故，是否属于重大安全生产事故、所受处罚是否构成重大违法行为，是否会影响发行人的生产经营。（2）发行人的安全生产制度是否完善，是否符合危险化学品管理和安全生产等方面的法律法规，安全设施运行情况。请保荐机构和发行人律师对上述事项发表明确核查意见。

小兵评析 ▶

这个反馈意见应该算是化工行业关于安全生产问题的一个标准问法。不管发行人是否存在安全事故，是不是发生过大的危险，都会关注这个问题，至少会关注到内部控制措施是否完善。如果发行人历史上发生过重大安全事故，审核中必然会关注安全隐患是否全部排除，是否会存在后续发生事故的风险，以及是否属于重大违法违规行为。

四、固定资产减值

前面已经提到，化工行业是典型的重资产运营的行业，大量的资金投入会形成金额巨大的无形资产和固定资产。在这种情况下，折旧和摊销直接会影响到发行人的经营业绩。因此，审核中会关注到发行人机器设备的明细、生产线的具体运营情况、不同生产线生产不同的产品以及产能利用情况、折旧和摊销政策是否存在重大差异等。

因为行业特殊性，化工行业还会存在一种情况：生产线的闲置，在这种情况下需要对生产线进行减值测试，必要时要计提减值准备，以充分反映发行人的经营业绩情况。关注化工行业生产线闲置，有两个核心的理由：（1）化工行业因为产品结构调整、场地搬迁、业务整改等原因，很可能存在生产线暂停生产而闲置的情形；（2）因为生产线账面金额很大，相关的减值测试和计提金额会直接影响损益。

案例 7　元利科技（代码：603217）发审会问询问题

报告期发行人 3 万吨苯生产线和 10 万吨苯生产线均处于闲置状态。本次首发申请发行人重新对上述生产线进行了减值测试。请发行人代表说明：（1）两次减值测试评估的背景和目的，评估结果的差异、原因及合理性；（2）生产线处置计划，发行人的应对措施，减值计提是否充分，相关会计处理是否符合企业会计准则的规定；（3）发行人会计基础工作是否规范，内部控制在重大方面是否有效。请保荐代表人说明核查依据、过程并发表明确核查意见。

报告期内，受山东省化工园区政策等影响，发行人已建成的 5 万吨顺酐/苯酐生产线长期闲置，且存在搬迁风险。请发行人代表说明：（1）5万吨顺酐/苯酐生产线的建设是否取得相关部门的批准，是否属于未批先建情形，是否存在被行政处罚的风险；（2）朱刘化工园区及发行人重点监控点认定的最新进展情况，发行人的应对措施；（3）相关减值计提是否充分，因搬迁事项导致的损失及对发行人财务状况的影响。请保荐代表人说明核查依据、过程并发表明确核查意见。

附：公开披露信息

10 万吨苯装置和 3 万吨苯装置闲置及减值准备计提情况

受国际原油价格下跌、国内钢铁行业压减产能及伴生的焦炭行业进入去产能周期等因素影响，公司逐步控制苯系列产品的产销量，2015 年发行人的 3 万吨苯生产线大部分时间处于闲置状态，10 万吨苯生产线处于闲置状态，2016 年、2017 年、2018 年 1－6 月发行人的 3 万吨苯生产线和 10 万吨苯生产线同时处于闲置状态。

1. 前次首发申请被否时 2015 年、2016 年减值准备计提情况

公司管理层分别于 2016 年 1 月、2016 年 11 月和 2017 年 2 月聘请了具有证券、期货资质的评估机构，对固定资产中闲置的苯生产线进行了评估，评估基准日分别为 2015 年 12 月 31 日、2016 年 6 月 30 日和 2016 年 12 月 31 日，评

估方法分别为成本法、收益法和清算法，公司根据评估结果对2015年12月31日计提了75.99万元固定资产减值准备，对2016年6月30日和2016年12月31日分别计提了2031.21万元和4538.61万元固定资产减值准备。2015年12月31日、2016年6月30日和2016年12月31日三个基准日，公司及评估机构对固定资产减值准备的减值测试所采取的方法、依据，主要基于以下考虑：

公司对基准日2015年12月31日苯生产线评估方法采用了成本法，主要基于受石油价格大幅下降的影响，2015年纯苯市场价格出现剧烈波动，以2015年年末为时点对未来市场价格、销售量等收益法评估的核心参数进行预测，以上数据存在大幅波动的潜在风险，收益法评估的准确性无法合理保证。苯生产线不存在相同或相类似资产活跃市场，也不能可靠地以收益法进行评估，最终采用成本法进行评估。

公司对基准日2016年6月30日苯生产线采用了收益法，主要是由于2016年苯产品一直处于回暖状态，自基准日至评估报告出具日产品售价稳步上升，如开工可实现盈利，2017年开始逐渐恢复苯的生产和销售存在可行性。基于该期间的市场行情收益法评估的核心参数预计未来市场价格、销售量等具有可靠性，故直接采用收益法进行评估。

公司对基准日2016年12月31日苯生产线采用了清算法，由于3万吨苯生产线和10万吨苯生产线处于停产状态，且2017年年初苯行情基本保持了2016年年末的水平，未出现预想的持续回升，公司管理层决定不再恢复生产，出于谨慎性考虑，直接按照清算的方式计提了减值准备。

综上，发行人管理层认为苯生产线2015年度、2016年度存在减值迹象，发行人在各期均及时聘请了外部机构对减值迹象进行了评估。发行人对该生产线未来使用情况的判断，均系基于各评估基准日客观市场行情作出的合理预判，管理层在各评估基准日的预判与苯市场行情走势并不矛盾；管理层和评估机构基于持续经营前提下，使用成本法估值未能充分考虑其经济性贬值等因素，导致2015年12月31日为基准日，按照成本法进行估值的评估假设、评估方法等谨慎性不足，但主观上不存在故意隐瞒资产减值的情形。

2. 发行人上市申请被否决后采取多方面积极措施，及时消除了上述事项导致的不良影响

2017 年 4 月 12 日证监会主板发行审核委员会 2017 年第 52 次发审委会议否决了发行人的首发申请，认为公司均未能充分说明各资产负债表日对固定资产减值准备的减值测试所采取的方法、依据，未能充分说明各资产负债表日是否及时、充分地计提了固定资产减值准备。公司相关内部控制制度和会计基础工作规范方面存在缺陷。

发行人管理层收到上述否决意见后，通过聘请专业中介机构沟通各基准日苯业务的市场情况，充分讨论并听取各专业机构对于减值事项应该采用的评估方法的专业意见等多项措施，积极消除上述事项导致的不良影响：

第一，由于前述重大资产减值计提方法的选择涉及较强的专业判断，发行人管理层召集各专业机构，结合上述事项发生时苯系列产品当时的市场行情、行业未来走势等事实对苯生产线计提减值事项所采用的方法、依据的合理性，进行了多次充分的讨论剖析，及时纠正偏差并积极消除该事项的影响。

第二，在广泛讨论分析并综合考虑各专业机构意见的基础上，发行人进一步聘请了沃克森（北京）国际资产评估有限公司，对 2015 年年末、2016 年年末固定资产评估所采取的方法、依据进行了评估复核，并出具了《资产评估报告复核意见》。对前期关于资产减值准备计提的方法、依据的合理性，进行了专业的分析判断并重新评估，管理层讨论后及时、据实进行了追溯调整。

经评估复核认为，以 2016 年 12 月 31 日为基准日的评估报告符合苯产品行业现状和发行人的客观事实，不存在重大问题。但是由于 2015 年度苯产品销售市场呈下降趋势，公司苯生产线已经处于停工状态或者开工不足，管理层和评估机构基于持续经营前提下，使用成本法估值未能充分考虑其经济性贬值等因素，导致 2015 年 12 月 31 日为基准日按照成本法进行估值的评估假设、评估方法等谨慎性不足。

第三，为提高管理层决策的科学性，降低由于专业性较强的事项等可能因素导致的决策失误，管理层进一步完善制定了《资产减值准备计提及核销管

理制度》《重大财务事项决策制度》等内部控制和管理制度，进一步提高了管理层关于重大事项及专业问题决策的科学性和判断能力。

3. 本次首发申请时苯生产线追溯评估及减值准备计提情况

本次首发申请时，发行人重新聘请具有证券、期货资质的沃克森（北京）国际资产评估有限公司对3万吨苯及10万吨苯生产线进行追溯评估。

受国际原油价格下跌、国内钢铁行业压减产能及伴生的焦炭行业进入去产能周期等因素影响，苯系列产品盈利能力下降，2015年苯生产线大部分时间处于闲置状态，基于市场和待估资产深度分析，本次专业评估机构以2015年12月31日、2016年12月31日、2017年12月31日为基准日，以产权持有人申报资产处置为假设前提，对苯生产线的可回收金额进行了评估，各期保持了一致方法。

本次3万吨苯生产线和10万吨苯生产线评估结果如下（见表49）：

表49　苯生产线评估结果

单位：万元

项目	2017年12月31日		2016年12月31日		2015年12月31日	
	账面价值	评估价值	账面价值	评估价值	账面价值	评估价值
3万吨苯生产线	338.62	599.61	417.56	493.19	1300.79	490.33
10万吨苯生产线	1743.39	2589.64	2048.69	2362.85	8590.81	2383.00
合计	2082.01	3189.25	2466.25	2856.04	9891.60	2873.33

本次重新评估结果与上次评估结果对比如下（见表50）：

表50　新旧评估结果情况

单位：万元

被评估项目	2015年12月31日评估值			2016年12月31日评估值		
	上次评估	本次评估	差异	上次评估	本次评估	差异
	①	②	③=②-①	①	②	③=②-①
3万吨苯生产线	1863.68	490.33	-1373.35	524.49	493.19	-31.30
10万吨苯生产线	9021.50	2383.00	-6638.50	2065.63	2362.85	297.22
合计	10,885.18	2873.33	-8011.85	2590.12	2856.04	265.92

2015年12月31日基准日两次评估值差异主要是评估方法不同所致；2016年12月31日基准日两次评估差异较小。发行人根据上述评估结果对2015年度数据进行了追溯调整。

2018年7月公司继续聘请沃克森（北京）国际资产评估有限公司以2018年6月30日为基准日，以产权持有人申报资产处置为假设前提，对苯生产线的可回收金额进行了评估，与前期保持了一致方法。评估结果如下（见表51）：

表51　可回收金额评估结果

单位：万元

项目	账面价值	评估价值	应补提固定资产减值准备
3万吨苯生产线	299.15	550.33	—
10万吨苯生产线	1650.32	2499.24	—
合计	1949.47	3049.57	—

4. 保荐机构和发行人会计师针对此次评估复核和重新评估的核查情况

保荐机构和发行人会计师与发行人、发行人聘请的评估机构通过多次召开协调会的形式，充分讨论了苯生产线减值准备计提方法存在的问题，分析了《资产评估报告复核意见》的合理性，检查了此次评估作价依据的充分性，并形成了相关会议纪要，在此基础上就相关事项的会计处理征求了发行人会计师技术部的专业意见；进一步核查了发行人内部控制制度设计和执行的有效性，并督促发行人管理层进一步完善制定了《重大财务事项决策制度》《资产减值准备计提及核销管理制度》等内部控制和管理制度，进一步提高了管理层关于重大事项及专业问题决策的科学性和判断能力；对发行人管理层和财务部门等相关人员进行了专业培训。

经核查，保荐机构和发行人会计师认为，公司已聘请第三方评估机构对前期评估进行评估复核，最终以产权持有人申报资产处置为假设前提，进行了减值测试并对前期差错进行追溯调整，发行人整改后各报告期末充分地计提了固定资产减值准备，固定资产减值测试所采取的方法、依据充分合理；公司已完善内部控制制度，加强了会计基础工作，不存在重大缺陷。上述事项对发行人的影响已经消除，不会对本次上市申请构成实质影响。

小兵评析 ▶

本案例发行人是一个典型的化工企业，发行人有三条生产线存在长期闲置的情形，这种情况下需要进行减值测试并计提减值准备。发行人有两条苯生产线因为市场环境因素而长期闲置没有生产，一条苯酐生产线因为化工园区的验收而迟迟不能生产。

值得特别说明的是，本发行人 2017 年曾上会被否决，当时有个很重要的问题就是对闲置生产线的减值测试存在很大的疑问。发行人自然要对第一次审核被否决的问题作出针对性的详尽说明和解释。发行人聘请了另外一家专门的评估机构对以前的评估做了复核，核心问题是 2015 年的评估采用成本法不审慎，重新评估之后计提的减值准备比以前多了 8000 万元左右，这样的差异还是很大的。好在 2015 年已经不在发行人报告期内，已经不影响财务数据列报。此外，发行人也解释 2015 年第一次的评估只是不审慎，但是不存在隐瞒资产价值的情形。

案例 8 正丹化学（代码：300641）反馈意见

招股说明书显示：发行人所拥有的固定资产主要为机器设备，各期金额较大。请发行人补充说明：(1) 各期机器设备的种类及构成明细，各类设备在发行人生产工序中所起的作用，机器设备金额较高是否符合行业规律，请与同行业上市公司固定资产构成结构进行对比分析；(2) 各期机器设备的增减变动情况，与产能、产量变动的匹配关系，年折旧额及单位产量年折旧额，折旧年限是否合理及与同行业可比公司的比较情况；(3) 各报告期在建工程的具体内容、各期增加、减少原因及与各期固定资产变化的匹配关系；（4）被关闭的对二乙基苯生产线原值、处置时的账面价值，已使用年限，与相应处置费用或营业外收支的匹配关系；（5）其他非流动资产的具体内容及各期变化情况；（6）申报期内各年末固定资产的盘点情况，是否存在盘亏、毁损、存在故障、相关公允价值低于账面价值、闲置不用的固定资产以及其他可能导致固定资产出现资产减值的情形。请保荐机构、申报会计师对上述问题发表核查意见。

附：公开披露信息

报告期各期末，公司固定资产原值分别为 40,600.56 万元、37,053.27 万元和 40,403.75 万元，固定资产净值分别为 22,186.50 万元、18,984.32万元和 19,868.50 万元，占非流动资产的比例分别为 83.99%、73.83% 和 80.04%，固定资产以机器设备、房屋建筑物为主，固定资产结构合理，与公司主营业务特点相适应。

机器设备是公司固定资产的主要组成部分，基本维持在 70% 左右水平。报告期各期末，机器设备原值金额分别为 27,738.62 万元、25,728.49万元和 28,832.73 万元，占固定资产比重分别为 68.32%、69.44% 和 71.36%，金额和占比较为稳定的原因为：公司主要产品偏苯三酸酐、偏苯三酸三辛酯等的主要设备、装置已于报告期初及之前建设完成，报告期内未大规模新建生产线；其中，2015 年机器设备金额略有降低系公司出于发展战略的考虑，当期将对二乙基苯装置进行技改，用以形成 3000 吨乙烯基甲苯生产装置，相应地转入在建工程核算所致；2016 年机器设备金额有所增加系相关设备技改完成投入使用所致。未来公司计划新建 4 万吨偏苯三酸酐项目、3 万吨偏苯三酸三辛酯项目和 2 万吨乙烯基甲苯等项目，未来公司机器设备预计将有较大增长。

小兵评析 ▶

由于发行人机器设备金额很大，审核中自然关注到机器设备的明细以及正常使用情况、机器设备跟产品以及产能的匹配关系、是否存在不能正常使用的机器设备的情形。公开信息还披露了发行人存在关闭生产线的情形，关注相关的会计处理是否合规，是否还存在其他应该关闭的生产线情形等。

五、毛利率差异很大

前面已经提到了，化工行业是一个范围和外延非常宽泛的界定范畴，可以细分为很多不同的子行业，而这些子行业可能都比某些独立行业的企业家数和市场容量要大得多。说得再直白一些，在化工这个大的行业里，两家企业的经营模式和主要财务指标的差异，可能就跟两个完全不同的行业一样。就以最直观的毛利率指标来说，有的化工企业毛利率不足 10%，而有的化工企业毛利率可以超过 30% 甚至 50%。

我们统计了 2018 年至 2019 年上市的化工企业毛利率情况，具体如下（见表 52）：

表 52　化工企业毛利率情况

证券代码	证券简称	上市日期	2018 年销售毛利率（%）
688268. SH	华特气体	2019 - 12 - 26	32. 3922
300801. SZ	泰和科技	2019 - 11 - 28	32. 2770
300806. SZ	斯迪克	2019 - 11 - 25	22. 3835
300798. SZ	锦鸡股份	2019 - 11 - 22	20. 4030
688196. SH	卓越新能	2019 - 11 - 21	14. 3276
300796. SZ	贝斯美	2019 - 11 - 15	33. 8579
688021. SH	奥福环保	2019 - 11 - 06	46. 2878
688199. SH	久日新材	2019 - 11 - 05	37. 8298
688116. SH	天奈科技	2019 - 09 - 25	39. 6862
603983. SH	丸美股份	2019 - 07 - 25	68. 3353
688005. SH	容百科技	2019 - 07 - 22	16. 6196
603256. SH	宏和科技	2019 - 07 - 19	37. 9681

续表

证券代码	证券简称	上市日期	2018 年销售毛利率（%）
603867. SH	新化股份	2019 - 06 - 27	21. 6642
603217. SH	元利科技	2019 - 06 - 20	34. 1382
300777. SZ	中简科技	2019 - 05 - 16	79. 6082
300769. SZ	德方纳米	2019 - 04 - 15	20. 2524
603379. SH	三美股份	2019 - 04 - 02	39. 5897
300767. SZ	震安科技	2019 - 03 - 29	55. 8711
603681. SH	永冠新材	2019 - 03 - 26	17. 5727
300758. SZ	七彩化学	2019 - 02 - 22	35. 0598
603332. SH	苏州龙杰	2019 - 01 - 17	16. 1499
002942. SZ	新农股份	2018 - 12 - 05	31. 8138
603810. SH	ST 丰山	2018 - 09 - 17	26. 9220
603790. SH	雅运股份	2018 - 09 - 12	32. 6995
603192. SH	汇得科技	2018 - 08 - 28	18. 4774
603650. SH	彤程新材	2018 - 06 - 27	36. 2041
300743. SZ	天地数码	2018 - 04 - 27	30. 4576
600929. SH	湖南盐业	2018 - 03 - 26	48. 6468
300740. SZ	御家汇	2018 - 02 - 08	51. 6695
300644. SZ	南京聚隆	2018 - 02 - 06	13. 0447

（数据来源：Wind，筛选标准：SW 化工）

小兵评析 ▶

毛利率是 IPO 审核永恒的话题，永远躲不过也需要一直重视。关于毛利率的行业差异，我们在汽车零部件行业已经做了分析；关于毛利率横向和纵向的比较，小兵也分析过很多次，这里就不再做详细的说明。这里主要是列示一些数据，给大家做个参考，同时主要是提个醒：化工行业不同企业之间毛利率差异很大是正常的，也是可以解释的。

第九章

零售行业 IPO 审核要点

Chapter 9

准确来讲，零售是一种销售模式而不是一个行业。鉴于零售模式有直接明确的应用行业和领域，同时零售模式也有一些天然独有的特征和要求，为了更好地总结和分析这种模式的关注要点，这里我们认定是一个行业。

关于对零售行业的界定，不同的用途不同的口径可能会作出完全不同的界定。不过有一点是可以达成共识的，就是零售行业跟工业是有着本质差异的。从 IPO 审核的实践来看，零售行业也没有一个明确的范围。为了描述方便，我们将最终客户为个人消费者的行业认定为零售行业。

我们研究不同行业的 IPO 审核要点，除了行业政策和竞争环境以外，另一个重要的维度就是企业的经营模式。零售行业由于客户是普通消费者，存在经营模式的完全颠覆，这可能会给 IPO 的财务核查带来很大挑战。尤其是，当互联网成为零售这种销售模式最好的推动力之后，给了这个行业更大的发展空间，同时对财务核查提出了更高的要求。

从关注的要点来说，零售行业关注的要点跟传统工业企业的关注要点重合度不高，很多是特有的一些关注事项，因而显得尤为重要。审核要点主要包括：销售返利、消费券、品牌授权、现金收款、存货、业务模式、主营业务、门店变化、业务区域性、收入及成本核算。

一、销售返利

关于返利的具体会计处理以及核查要点，我们在《IPO 财务核查解决之道：案例剖析与操作指引》中有专门一章的论述，这里我们主要解释返利存在的商业逻辑和关注要点。

到底哪些行业会比较容易出现返利的情况，为什么有些行业没有返利，有些行业存在普遍的返利，小兵的简单理解是：返利本身就是一种调节市场供需环境的有点无奈的手段，返利政策基本上是在市场重复竞争、产品差异性不大且价格相对透明，消费者选择余地比较多且没有明显偏好的情况下产生的，如快消品、汽车等。在这种情况下，买方和卖方不能直接用供销差价来解决产业链的利益平衡问题，只能通过相对比较隐蔽的返利方式来实现，这也就是为什么很多返利政策特别复杂、让人有点看不懂的原因。

关于返利的商业逻辑，简单总结如下：（1）不同客户价格承受能力不同，可给予不同的返利政策来平衡价格；（2）市场价格的控制措施，防止客户进行倒货，扰乱市场竞争秩序；（3）价格调整措施，针对不同的产品给予不同的返利政策，以协调不同产品在市场的销售分布和节奏。

从这个角度来说，返利基本上就是以快消品作为代表的零售行业的特有的一种模式，如最常见的化妆品、食品、汽车等行业的经销商销售。关于返利，站在发行人的角度来说，也可以分为销售返利和采购返利：一种是发行人向客户支付的返利，另一种是发行人作为客户向经销商取得的返利。

从商业逻辑来说，返利是一种正常的业务合作条件甚至是行业惯例，没有什么大惊小怪的。从技术分析的角度来说，返利的触发标准、不同客户的不同返利政策、返利的具体执行规则、返利与财务数据的逻辑关系等方面存在很大的争议。由于大多数的返利没有透明的政策和标准，判断返利是否合理真实，是否存在调节业绩的情形就比较困难，尤其是返利金额较大的情况，更是 IPO 审核的重点以及难点。

案例 1 上海丽人丽妆化妆品股份有限公司（未过会）发审会问询问题

发行人报告期品牌方返利金额较大，品牌方执行的返利政策对发行人经营业绩构成重要影响。请发行人代表说明：（1）不同品牌方的返利政策是否存在重大差异，同一品牌方的返利政策报告期是否发生重大变化；（2）报告期主要品牌方的返利计提情况及实际返利情况，两者是否存在重大差异；（3）发行人计提返利的依据、确认时点及会计处理方式，是否符合会计准则，是否与同行业可比公司一致；（4）品牌方返利款支付相关政策，部分返利款长期挂账的原因，是否存在跨期确认的情形；（5）返利主要以红票、票折或货返形式兑现的情况下，报告期有无因停止采购而导致原已计提返利无法兑现的情况及具体财务影响，返利计提是否谨慎、合理，是否存在报告期内调节采购量进而调节利润的情形。请保荐代表人发表核查意见。

附：公开披露信息

品牌方为激励公司销售，在综合考虑公司销售及订货指标完成情况、市场拓展情况等基础上，给予公司一定的返利。返利是化妆品品牌方为稳定零售价格体系、促进产品销售的一种商业惯例。公司根据品牌方给予的返利，冲减相应的存货成本。2013年度、2014年度、2015年度、2016年1－3月，公司获得返利分别为1120.09万元、10,032.56万元、13,294.48万元、1598.78万元，占同期毛利金额的比例分别为7.99%、36.71%、30.50%、14.47%，返利占公司毛利的比例较高，是影响公司盈利能力的重要因素。

小兵评析 ▶

发行人作为化妆品行业的专门的品牌运维和产品分销的企业，返利显然是一个很重要的问题。从披露信息来看，发行人返利的金额最高已经超过1亿元，而这都已经超过了发行人实现的净利润规模。返利直接影响发行人的毛利率和盈利水平，审核中自然会关注返利是否真实且合理。

二、消费券（购物卡）

对于零售行业来说，采取购物卡（包括类似的消费券、优惠券、折扣券）以提供给消费者更多优惠的方式，来促进销售的情形还是相对比较普遍的。关于这样的消费模式，从商业逻辑的角度来说没有什么争议，也是一种成熟的合理的业务手段。

从具体审核规则来说，主要关注这样的业务模式对财务数据的影响，核心还是对于数据真实性的影响。主要关注点在于：购物卡的发放标准和要求，内部决策程序，收入确认的时点，纠纷的解决机制，内部控制措施是否完善有效等。

案例 2　汇嘉时代（代码：603101）发审会问询问题

发行人报告期内储值卡销售金额、消费金额占营业收入比重均较高，而且呈现逐年下降的趋势。请发行人代表说明：影响储值卡销售的主要因素及其变动趋势和未来储值卡销售的策略，对未来经营业绩的影响和应对措施，相关风险是否已充分披露，并请保荐代表人发表核查意见。

附：公开披露信息

报告期内，公司各期储值卡的销售金额及储值卡消费金额如下（见表53）：

表 53　销售金额及储值卡消费金额情况

项　　目	2014 年度	2013 年度	2012 年度
销售储值卡金额（万元）	54,381.48	87,264.06	78,562.63
储值卡消费金额（万元）	61,402.91	86,329.27	74,172.14
营业收入（万元）	251,219.16	245,183.90	192,581.45
销售储值卡金额/营业收入	21.65%	35.59%	40.79%
储值卡消费金额/营业收入	24.44%	25.04%	38.51%

小兵评析 ▶

不论是购物卡还是储值卡，都是一种先储值后消费的业务模式。这种模式下，最重要的关注要点就是，收入确认的时点是在消费者实际消费确认之后，而消费者实际消费之前只能是负债。另外，值得注意的是，消费者一次性提前储值一定金额必然会有一定的优惠，那么这还涉及销售折让的问题。

案例 3　顶固集创（代码：300749）发审会问询问题

报告期内发行人与恒大地产在消费券业务模式下确认的销售收入大幅增加。请发行人代表说明：（1）与恒大地产的销售是否均为消费券收入，将恒大地产定义为经销商的原因，是否符合行业惯例；（2）消费券业务模式下确认收入的依据、时点和原则，相关会计处理是否符合会计准则相关规定；（3）对恒大地产销售收入大幅增长的原因及可持续性，是否构成对恒大地产的依赖；（4）将使用恒大地产消费券销售部分还原后，相关经销商销售品种及金额、平均单价、毛利率是否与发行人平均水平存在差异及原因。请保荐代表人说明核查方法、过程、依据并发表核查意见。

附：公开披露信息

公司 2016 年开始与恒大地产深入合作，合作模式如下：

恒大地产在消费者购买住房时，会给消费者赠送消费券，消费者凭借消费券可以到指定品牌经销商处购买指定品牌产品（包括顶固品牌和索菲亚、曲美等其他品牌），消费券可以抵货款。经销商在收到消费券时，会在恒大网络平台上验证消费券真实性，并接受消费券，与消费者达成购买合同。

公司经销商接到消费者购货订单后，向公司下订单，并以消费券方式抵订单款。公司接到消费券后也会验证其真实性，并最终与恒大地产进行结算。对于消费券对应的收入，公司计入恒大地产的经销收入，公司按照出厂价与经销商结算。对于非消费券对应的收入，计入相应经销商的经销收入。

随着 2016 年度及 2017 年度，恒大地产业务的发展、送出的消费券增多，导致发行人对恒大地产的销售收入增加。同时，在消费者使用消费券去发行人当地经销商购货时，由于消费券对应的收入计入了恒大地产，导致对应经销商计入的销售收入会较少。由于北京、济南等地区消费者使用消费券较多，导致相关经销商的经销金额在 2017 年度有所降低。

小兵评析 ▶

以前我们见到的一般都是发行人直接向最终客户销售或者赠送消费券，而本案例的发行人关于消费券问题显然是更加复杂一些。发行人以消费券跟恒大地产合作，恒大地产向购买房产的客户赠送消费券，这些消费者会找到发行人的经销商来购买产品，发行人跟经销商结算之后再跟恒大地产结算。从某种意义上来说，这更像是恒大地产向消费者赠送消费券的行为，消费券的金额要计入恒大地产的销售成本里面去。

本案例还有一个非常特殊的地方，就是发行人是通过自己的经销商来处理与恒大地产合作的消费券业务的。如果是恒大地产赠送的消费券，那么销售的业绩是算作恒大的而不是经销商的，并且发行人与经销商核算也是成本价核算，相当于经销商只是免费帮发行人一个忙而已。当然，发行人是不是会通过其他方式给这些经销商一些优惠或者其他奖励，我们不得而知。

关于发行人与恒大的合作，我们应该关注的是：（1）发行人与恒大的合作显然是压缩了经销商的市场份额，发行人如果没有补偿机制会存在一些问题，发行人也坦白，北京和济南的消费券使用得多，这两个地方经销商的销售额也下降明显；（2）因为经销商处理消费券是按成本价结算，会直接影响到这些经销商的毛利率，这也是为什么发行人会披露前二十大经销商剔除消费券的影响之后毛利率的变化情况。

理解恒大与发行人这样一种消费券的合作模式，可以有以下几个角度：（1）恒大是采购了发行人的消费券赠送给客户，这部分属于恒大的宣传推广费用；（2）恒大这样的推广在很大程度上帮助发行人提高了收入规模和业绩；（3）恒大是不是要认定为发行人的经销商并不重要，但是恒大确实帮助发行人开拓了重要的销售渠道；（4）发行人跟恒大合作结算的消费券的销售价格以及毛利率指标应该与其他客户存在一些差异，这个我们可以理解为是大的客户的一种特殊议价能力。

对于这种模式，只要是存在商业合理性并且也是真实存在的，小兵觉得倒无可厚非。但是，发行人报告期内业绩分别为 1000 多万元、3000 多万元和 5000 多万元，发行人业绩 2016 年和 2017 年的高速增长是不是主要就是因为与恒大地产的合作，是值得我们重点关注的一个问题。

三、品牌授权

众所周知，零售行业对品牌的依赖度很高，品牌也有着很高的溢价，品牌知名度和美誉度就是企业的核心市场竞争力。既然品牌如此重要，跟品牌相关的问题自然也就需要格外关注，如品牌授权问题。品牌授权一种是企业接受品牌方的授权，另一种是企业将自己的品牌授权给合作伙伴使用。

关于品牌授权，我们需要重点关注的问题是：品牌授权的范围和标准、品牌授权的决策程序和定价依据，品牌授权的利益分成机制等，更关键的是品牌授权是否会造成消费者认知混同的情形，是否会存在纠纷或潜在纠纷。举个最简单的例子，如果企业将品牌授权给加盟商，消费者在加盟商那里利益受到了损害，企业是否应该承担连带责任？这个责任是否可以撤销。

关于这个问题，还有一点值得关注的就是，品牌授权的定价和费用支付的问题，尤其是有的企业就是主要依靠品牌授权费来取得收入和收益。此外，还需要关注品牌授权的价格如何制定，是否存在不正当竞争，是否存在通过授权方式进行业绩调整以及利益输送的情形。

案例 4 上海丽人丽妆化妆品股份有限公司（未过会）发审会问询问题

根据招股说明书，截至 2017 年 6 月 30 日，发行人已与兰蔻、雅漾、碧欧泉、雪花秀、兰芝、美宝莲、妮维雅等 55 个化妆品品牌达成合作关系，是天猫美妆平台中获得品牌授权数量最多的网络零售服务商之一。请发行人代表说明：(1) 天猫美妆平台其他网络零售服务商的品牌授权、销售金额、排名及变动趋势等相关情况；(2) 主要授权品牌在除发行人经营的旗舰店以外的天猫/淘宝零售服务商以及其他主要零售市场的销售情况；(3) 主要授权品牌中发行人销售金额的占比及其变动趋势。请保荐代表人发表核查意见。

小兵评析 ▶

发行人开展化妆品分销业务的基本前提是要取得品牌方的授权，不然经营就是不合规的。对于发行人来说，发行人能够取得多少品牌授权，在一定程度上就决定了企业的市场地位和未来的发展空间。

四、现金结算

对于工业企业来说，买卖双方之间的价款支付通过现金进行结算是极其特殊和例外的事项。从会计核算要求来说，相关规则对于企业现金审批、保管以及支付有着严格的限制。从税务规则角度来说，买卖双方结算一般会涉及增值税专项抵扣的问题，要开具增值税专用发票必然要求对应银行流水转账记录。从 IPO 审核的规则来说，工业企业只有在极端情况下才可以在一定范围内采用现金结算的方式并且比例有严格限制（不超过 5%）。

对于零售行业来说，现金结算问题自然有完全不同的思考逻辑。由于零售行业客户主要就是终端消费者，对于消费者的结算习惯不能有任何限制，更不能拒收人民币现金，因而不论从哪个规则来看，零售行业现金结算都是普遍存在的问题，并且没有范围和金额的限制。从商业逻辑上，现金结算模式完全是符合商业惯例的。从 IPO 审核的角度来说，也要充分尊重不同行业存在的不同交易习惯。

当然，鉴于现金交易对财务数据的影响很大，审核中也会从更多的角度去关注现金交易的核算标准以及核查程序。对于存在大规模现金结算的零售企业来说，内部控制是非常重要的一环，具体来说可能需要具备以下几个方面：（1）有完善可互相验证的交易和核算系统；（2）制定了严格的现金管理制度，并且根据规则严格执行；（3）现金流转保留每一步骤的痕迹，保证现金流转各种台账、交接记录等痕迹的完备性。从某种程度上来说，现金结算只要能够保证内控完善、管理严格、程序完备，也是能够核查清楚的。

当然，还有很重要的一点，就是随着手机支付越来越普遍和便捷，无现金支付的场所越来越多，企业也应更努力地鼓励消费者采用手机支付的方式进行结算。关于手机支付，与现金支付相比最大的好处就是保留了资金流转的痕迹，在很大程度上保证了数据的客观性和真实性。

案例 5　大参林（代码：603233）发审会问询问题

发行人报告期内存在员工个人账户收款的情况，目前已停止使用全部个人账户。请发行人代表说明：行业内其他公司的情况，发行人采取的措施是否能有效防范风险，是否实际执行。请保荐代表人发表核查意见。

附：公开披露信息

1. 公司报告期各期现金结算金额及占比情况（见表 54）

表 54 各期现金结算金额及占比

单位：万元

项目	2016 年度	2015 年度	2014 年度
现金结算金额	405,710.20	337,895.76	306,891.72
当期含税销售额	698,733.92	585,809.42	508,077.36
现金结算占比	58.06%	57.68%	60.40%

公司所处的医药零售行业主要面对广大个人消费者，因个人消费者单笔销售额低、现金付款方式方便快捷等特点，消费者在门店购买药品的支付习惯仍以现金为主。报告期内，公司现金结算销售占比约为 60%，占比较高，与公司经营模式及行业特点相符。2015 年、2016 年公司现金结算销售占比持续下降，主要是由于移动支付的快速发展，导致微信、支付宝等结算比例有所上升。

2. 个人银行卡的使用情况

2012 年中介机构进场之后，与公司一起制定了对现金个人银行卡营业款收支管理的规则，随着银企合作政策推进，公司积极争取银行对公业务的支持，并严格要求各门店尽量避免使用个人银行卡进行营业款的存放，因此使用个人银行卡存放现金营业款占营业收入比重已较低，具体如下（见表 55）：

表 55 个人银行卡存放现金营业款情况

单位：万元

项　目	2016 年	2015 年	2014 年
个人银行卡借方发生额	15,282.73	26,802.31	27,514.13
扣减批发业务、电商业务后门店零售业务收入（含税）	698,733.92	585,809.42	508,077.36
占扣减批发业务、电商业务后门店零售业务收入（含税）比重	2.19%	4.58%	5.42%

截至 2016 年 12 月 31 日，公司及子公司共使用个人银行卡合计数为 36 张，2016 年年末余额为 94.05 万元。

小兵评析 ▶

发行人是典型的零售业务，审核自然会关注到现金结算和个人卡结算的问题。发行人报告期内现金结算的比例在 60% 左右，尽管比例有所下降，但是下降比例不是很大，这样大规模的现金结算比例尽管有一定的商业合理性，但是否满足目前的 IPO 标准还是一个大大的问号。另外，小兵还是建议发行人要通过微信、支付宝、银行卡、POS 机等方式，尽量解决现金结算的问题。小兵这里还需要提示大家的就是，发行人详细披露了在现金销售情况下，对于现金管理的流程以及内部控制的措施，甚至将发行人使用的 ERP 系统都做了详细的解释和说明。

案例 6 爱婴室（代码：603214）发审会问询问题

报告期内，发行人现金收款比例和未开票收入占比较高。部分直营门店在主管部门日常监管中受到多起行政处罚。请发行人代表说明：（1）现金收款结算与未开票销售是否真实可靠，发行人相关内控制度是否健全并有效运行；（2）关于直营门店合规运营方面的内控制度是否健全、是否得到有效执行；产品质量安全管理方面的内控制度是否存在重大缺陷。请保荐代表人说明核查过程、依据，并发表明确核查意见。

附：公开披露信息

1. 报告期内，公司直营门店销售结算方式包括现金支付、银行系统支付和第三方平台支付。其中银行系统支付包括 POS 机刷卡支付和银行转账支付。具体情况如下（见表 56）：

表 56 公司直营门店销售结算方式情况

结算方式	2017 年 1-6 月		2016 年度		2015 年度		2014 年度	
	金额（万元）	比例（%）	金额（万元）	比例（%）	金额（万元）	比例（%）	金额（万元）	比例（%）
现金支付	20,593.87	22.40	48,680.23	29.74	53,358.37	36.97	50,016.96	39.85
银行系统支付	35,865.57	39.00	88,881.43	54.30	89,428.02	61.97	75,333.36	60.01
第三方平台支付	35,498.6	38.60	26,131.66	15.96	1530.48	1.06	178.10	0.14
合计	91,958.03	100.00	163,693.32	100.00	144,316.87	100.00	125,528.43	100.00

2. 报告期销售中无发票、以内部凭证作为会计核算原始凭证的金额及比例

报告期内，发行人门店销售中无发票、以内部凭证作为会计核算原始凭证的金额及比例如下（见表 57）：

表 57 门店销售中有关会计核算原始凭证情况

单位：万元

年份	项目	收入总额	其中：无发票收入	无发票收入占比
2017 年 1-6 月	主营业务收入	81,053.62	65,794.85	81.17%
	其他业务收入	6998.16	45.44	0.65%
	收入合计	88,051.79	65,840.29	74.77%
2016 年	主营业务收入	143,900.00	115,080.57	79.97%
	其他业务收入	14,596.32	151.11	1.04%
	收入合计	158,496.32	115,231.68	72.70%
2015 年	主营业务收入	126,954.86	103,814.77	81.77%
	其他业务收入	11,851.74	140.92	1.19%
	收入合计	138,806.60	103,955.69	74.89%
2014 年	主营业务收入	111,163.12	88,023.03	79.18%
	其他业务收入	11,266.13	147.75	1.31%
	收入合计	122,429.24	88,170.78	72.02%

小兵评析 ▶

这个案例除了现金交易的问题之外，还有一个很核心的问题，就是收入绝大多数都没有开具发票，这应该也是零售行业非常典型的一个特征，因为普通消费者没有开具发票的强制要求和自觉性。对于没有开具发票的问题，首先关注的是收入真实性如何核查的问题，这个可能要依赖完善的财务系统和内部控制体系，当然还包括台账和相关财务单据的佐证。更重要的是税务问题，目前这种情况税务局对于纳税金额的考核也不是以发票金额为依据，而是以流水作为纳税基础，这样基本上可以保证税收缴纳的规范性。

五、门店变化

前面提到了，零售更像是一种业务模式而不是行业，而零售主要就是通过经销商、商超渠道、在线销售以及直营门店这些渠道来实现。经销商模式我们已经在其他地方有过很多论述，在线销售属于网上销售的范畴后续会谈到，商超渠道销售模式会在下面一个专题论述，这个专题我们主要讨论门店销售的问题。

IPO 审核一般会关注到门店的数量变化、门店的区域分布、新开店和关闭店的原因和数量对比等，甚至具体关注到新店和旧店的经济效益的对比情况，从而判断新开直营店是不是划算的合理的，还可能关注到发行人开店的规划、关注到发行人的仓库是否能够与直营店相对应、关注到某个区域店铺的数量与当地常住人口和消费能力是否匹配等。

案例 7　大参林（代码：603233）发审会问询问题

报告期各期公司新开门店和关闭门店情况及原因，新开店相关费用支出情况及会计核算方法、经营状况及盈利情况，包括存货、营业收入、毛利率、销售金额和销售费用等，并与老门店同期财务数据进行比较，分析说明新门店经营业绩的合理性。

附：公开披露信息

1. 报告期公司各地区门店增长情况（见表58）

表58　报告期公司各地区门店增长情况

区域	省份	2016年度			2015年度			2014年度		
		新增	关闭	期末	新增	关闭	期末	新增	关闭	期末
广东省内	广东	273	15	1809	248	17	1551	222	12	1320
	广东省内占比	53%	63%	75%	71%	55%	81%	64%	50%	82%
广东省外	江西	36	—	54	4	1	18	6	—	15
	河南	106	7	205	16	7	106	44	10	97
	广西	94	2	304	74	6	212	65	2	144
	福建	3	—	27	6	—	24	9	—	18
	浙江	—	—	10	2	—	10	2	—	8
	广东省外小计	239	9	600	102	14	370	126	12	282
	广东省外小计占比	47%	38%	25%	29%	45%	19%	36%	50%	18%
合计		512	24	2409	350	31	1921	348	24	1602

2. 新门店经营业绩的合理性

公司的传统优势区域为广东省，广东省外区域均为新开拓区域，截至2016年12月31日，公司在广东省门店为1809家，省外的门店为600家。

（1）广东省内新老店对比

2014年年末、2015年年末、2016年年末，当年新开门店年末单店平均存货账面余额分别为20.24万元、25.90万元、24.58万元，同期可比老店单店平均存货账面余额分别为28.54万元、32.14万元、32.34万元。

2014年、2015年、2016年，当年新开门店单店平均营业收入分别为55.97万元、57.20万元、67.04万元，同期可比老店单店平均营业收入分别为

337.86 万元、322.94 万元、319.12 万元。

(2) 广东省外新老店对比

2014 年年末、2015 年年末、2016 年年末，当年新开门店年末单店平均存货账面余额分别为 24.82 万元、23.25 万元、23.43 万元，同期可比老店单店平均存货账面余额分别为 28.66 万元、27.70 万元、29.19 万元。

2014 年、2015 年、2016 年，当年新开门店单店平均营业收入分别为 37.82 万元、59.07 万元、58.44 万元，同期可比老店单店平均营业收入分别为 324.70 万元、240.96 万元、227.40 万元。

2014 年、2015 年，当年新开门店平均毛利率分别为 33.86%、35.61%，同期可比老店平均毛利率分别为 34.83%、36.25%。新开门店平均毛利率与同期可比老店平均毛利率较为接近。2016 年新开门店平均毛利率为 29.30%，同期可比老店平均毛利率为 36.81%。新开门店平均毛利率相对老店较低，主要是因为 2016 年公司通过收购方式在许昌、安阳、众康等地新拓展门店数量达到 116 家，占新开门店比例 49%，该部分门店由于既有商品结构的存在，在推广大参林品牌及商品结构的初期毛利率偏低，为 26% -28%。

2014 年、2015 年、2016 年，当年新开门店单店平均利润总额为负，而老店平均利润总额逐年下降，主要由于当年新店在次年计入老店，但由于经营时间相对较短，仍处于收入拓展提升期，而广东省外各期末新店比重较高，导致次年老店中的前一年新开门店数量较多，从而拉低了次年老店的店均利润总额。

(3) 广东省内、广东省外的老店对比

2014 年年末、2015 年年末、2016 年年末，省内同期可比老店单店平均存货账面余额分别为 28.54 万元、32.14 万元、32.34 万元，省外同期可比老店单店平均存货账面余额分别为 28.66 万元、27.70 万元、29.19 万元，省内外同期可比老店单店平均存货账面余额较为接近。

2014 年、2015 年、2016 年，省内同期可比老店单店平均营业收入分别为 337.86 万元、322.94 万元、319.12 万元，省外同期可比老店单店平均营业收入分别为324.70万元、240.96万元、227.40万元，省内与省外同期可比老店单店平均营业收入相比较高，主要原因是：2014年、2015年、2016年，广东省内各期末新店占门店总数的比重为17%、15%、15%，比重较低且较为稳定；广东省外各期末新店占门店总数的比重为45%、27%、40%，比重较高；由于当年新店在次年计入老店，但由于经营时间相对较短，仍处于收入拓展提升期，而广东省外各期末新店比重较高，导致次年老店中的前一年新开门店数量较多，从而拉低了次年老店的店均营业收入。前述原因也导致省内同期老店店均利润总额高于广东省外。

2014年、2015年、2016年，省内同期可比老店平均毛利率分别为36.89%、37.65%、37.12%，省外同期可比老店平均毛利率分别为34.83%、36.25%、36.81%，省内外同期可比老店平均毛利率较为接近。

（4）广东省内、广东省外的新店对比

2014年年末、2015年年末、2016年年末，省内当年新开门店单店平均存货账面余额分别为20.24万元、25.90万元、24.58万元，省外当年新开门店单店平均存货账面余额分别为24.82万元、23.25万元、23.43万元，省内外当年新开门店单店平均存货账面余额较为接近。

2014年、2015年、2016年，省内当年新开门店单店平均营业收入分别为55.97万元、57.20万元、67.04万元，省外当年新开门店单店平均营业收入分别为37.82万元、59.07万元、58.44万元，省内与省外当年新开门店单店平均营业收入相比较高，主要原因是：新开门店在当年开业时间长短不一，当年开业时间长度直接影响各年新店之间店均营业收入的可比性。

2014年、2015年、2016年，省内当年新开门店单店月平均营业收入分别为9.66万元、9.42万元、9.94万元，省外当年新开门店单店月平均营业收入分别为7.50万元、7.29万元、13.24万元，2014年、2015年差异较小，2016年公司通过收购方式在许昌、安阳、众康等地新拓展门店数量达到116家，占广东省外新开门店比例49%，该等门店具有一定的销售基础，因此导致2016年省外新开门店单店月平均营业收入大幅提高。该等原因也导致省外新开门店单店亏损大幅减少。

2014 年、2015 年、2016 年，省内当年新开门店平均毛利率分别为 37.31%、37.94%、37.27%，省外当年新开门店平均毛利率分别为 33.86%、35.61%、29.30%，2016 年省内与省外相比当年新开门店平均毛利率相对较高，主要是因为省外 2016 年通过收购方式新拓展门店数量较多，该部分门店由于既有商品结构的存在，在推广大参林品牌及商品结构的初期毛利率偏低，为 26% －28%。

小兵评析 ▶

IPO 审核有一个非常基础也非常重要的理念，就是用合理性倒推真实性，说白了就是：真实的必然是合理的，不合理的必然有不真实的地方。对于门店的关注，这个案例可以作为一个非常经典的案例来学习，包括对于新开门店的效益、门店收回成本周期、省外和省内门店差异等要点。

六、商超渠道

我们将商场和超市的销售渠道合并称为商超渠道，商超渠道对于零售行业来说是产品销售非常重要的一种方式，同时实践中也是非常复杂的一种方式。这种销售模式下，可能因为发行人产品知名度、企业话语权、商超控制力等诸多因素的差异而形成各种各样的合作方式。实践中最典型的比如：（1）买断式销售的模式，这种模式就类似于经销商；（2）代销的模式，商超只是提供场所和推广服务，具体销售多少企业自己说了算，然后根据销售额与商超结算；（3）联合销售的模式，商超可以根据自主的经营策略对发行人产品销售进行各种规划，比如企业产品与其他产品进行联合销售等。

对于零售行业来说，商超渠道很重要自然也是很强势的，很多情况下企业的产品通过商超销售需要满足对方的条件，这也是为什么企业会存在与商超合作模式多样的原因。同样，不同的合作模式会有不同的核算和会计处理方式，而不同的处理也会给企业的财务数据带来本质的影响。因而，在对企业进行核查和判断的时候，如何明确界定企业与商超的合作本质是第一步要做的，有时候形式上看起来很复杂，其实本质上可能一样，这就要求我们一定要坚持实质重于形式的原则。

案例 8　日播时尚（代码：603196）公开披露信息

销售门店合同到期未能续约的风险：公司和经销商的终端销售门店主要分布于国内大中城市，选址主要位于大型商场和购物中心。若销售门店的租赁期限届满，公司或经销商未能与商场、购物中心续约，将会导致该类门店的关闭，从而影响公司整体营销网络布局和销售业绩。

小兵评析 ▶

随着销售渠道的进一步细分和优化，尤其是线上销售占比越来越高的情况下，商超渠道在销售中的重要性和销售占比逐步下降。不过，在快消品等领域，商超渠道仍旧是不可或缺的甚至是兵家必争之地。商超模式跟其他我们熟知的销售模式相比，存在很多特殊之处，比如结算的方式，各种推广宣传费用等。就算是进场费用，不同的渠道可能都有各种不同的规定，甚至在同一个超市，针对不同的产品或者客户都有不同的政策。在研究时，只要涉及商超模式，不论金额大小都应该作为一种独立的方式进行核查。

七、线上销售

在很多行业和领域，线上销售都已经成为一种重要的销售方式。目前线上销售的平台基本比较集中，主要就是淘宝、京东以及苏宁易购等线上销售平台。线上销售通过这个平台，一种是经销的模式，另一种是通过旗舰店方式进行直接销售。不同的线上销售平台，每个企业都会有不同的侧重，只要符合发展规律和经营策略，是否对单一平台存在重大依赖的问题是有解释空间的。关于线上销售的核查，可以参见《IPO 财务核查解决之道》。

案例 9 三只松鼠（代码：300783）发审会问询问题

发行人销售渠道高度集中于天猫商城、京东等第三方平台。请发行人代表说明：(1) 是否对天猫商城、京东等第三方平台渠道存在重大依赖；(2) 结合发行人与天猫商城、京东等第三方平台渠道的合作历史、合作模式等，以及同行业可比公司情况，说明相关平台经营政策的变化是否会对发行人生产经营产生重大影响，发行人与第三方平台渠道合作的稳定性和可持续性，是否存在对发行人持续盈利能力有重大不利影响的情形；(3) 结合行业发展趋势以及自身经营情况，说明拓展自营 APP，团购、线下体验店等其他销售渠道面临的竞争情况、挑战及应对措施，以及对未来持续盈利能力的影响；(4) 入仓模式下报告期各年度京东自营毛利率高于天猫超市毛利率的原因、合理性以及京东自营相对较高毛利率的可持续性。请保荐代表人说明核查依据、过程并发表明确核查意见。

小兵评析 ▶

发行人高度依赖天猫、京东等第三方销售平台，2018 年其平台服务费占销售费用的 17%。发行人报告期内京东、天猫等线上平台收入占比分别为 96.53%、94.34%、88.21%。对于发行人这种业务内容和经营模式来说，主要依赖传统的几家线上销售渠道是合理的，发行人也充分揭示了风险和商业合理性。随着互联网模式渗透到各个行业和各种领域，这种销售结构的发行人会越来越多。

第十章
旅游行业 IPO 审核要点

Chapter 10

随着居民生活水平的提高，人们对生活质量有了更高的追求，在消费升级大的政策背景下，旅游行业未来的发展前景应该是一片光明。很多投资机构也对旅游行业倾注了更多的关注，也有更多资本愿意参与到这个行业的发展。因为行业特性和历史原因，目前 A 股市场的上市公司并不是太多。

简单来分类，旅游行业可以分为以景点为重点的旅游产业和以服务为核心的旅游产业，前者比如九华山，后者比如凯撒旅游。为了分析的便捷和有针对性，本部分主要讨论的是景点类的旅游行业。截至目前，在 A 股上市的旅游行业相关公司具体情况如下（见表 59）：

表 59　在 A 股上市旅游行业相关公司情况

序号	证券代码	证券简称
1	000430. SZ	张家界
2	000888. SZ	峨眉山 A
3	000978. SZ	桂林旅游
4	300144. SZ	宋城演艺
5	600054. SH	黄山旅游
6	600593. SH	大连圣亚
7	600749. SH	西藏旅游
8	603099. SH	长白山
9	603136. SH	天目湖
10	603199. SH	九华旅游
11	900942. SH	黄山 B 股

（数据来源：Wind 资讯，筛选标准：SW 景点）

旅游行业的市场容量足够庞大并且发展前景良好，诸多知名的旅游开发公司不论在客流量还是业绩规模上，应该也都完全符合 IPO 的审核标准，那么为什么没有很多公司 IPO 审核成功呢，显然实践中还是存在很多疑难问题甚至是红线的。从大众的视角来看，旅游行业看起来非常熟悉和普通。从资本运作的角度来看，旅游行业又非常特殊，有很多行业特有的规则和规律，也有很多行业不为人知的特殊要求和规定。本节内容主要对旅游行业生产经营以及 IPO 审核过程中重点关注的问题做一个简单总结和归纳。

一、土地使用权

旅游企业的经营能力和盈利来源主要来自两个方面：一方面是旅游的客流量和单客消费能力；另一方面就是配套设施和附加产品的盈利能力。旅游企业不论依靠什么模式来盈利，企业竞争力的一个核心指标就是运营面积，运营面积越大，企业的盈利能力和发展空间自然越大，这就涉及土地使用权问题。

我国对于土地使用权有着严格的规定和用途的限制，用途可以简单分为商业用地、工业用地、住宅用地、农业用地和旅游用地，不同的行业对应不同的土地用途，不可随意变更。实践中旅游企业土地使用权出现的一些瑕疵主要体现在：（1）企业使用的土地有一部分不属于旅游用地，属于违规使用土地；（2）企业租赁的相关土地使用权本身存在一些瑕疵，需要进行整改；（3）企业在使用旅游用地的时候存在不规范情形，比如在土地上建造了超过标准和范围的商业设施或者工业设备等。

土地毫无疑问是旅游企业最核心的甚至是唯一的资产，也是最重要的竞争力来源，如果企业的土地使用权存在瑕疵，一定要关注瑕疵土地的性质、占比、后续解决措施，以及这个问题对企业生产经营的影响和持续性。很多旅游企业无法 IPO 上市，就是因为土地问题得不到根本性的解决。不论是 IPO 审核还是企业的投资，土地问题都是我们关注旅游企业最重要的问题。

案例 1　天目湖（代码：603136）发审会问询问题

请发行人代表说明：(1) 发行人及其子公司报告期内租赁天目湖两侧林地、南山竹海林地为农村集体土地，上述是否涉及将农村集体土地转为建设用地，发行人是否严格按照《土地管理法》第 11 条、第 12 条、第 44 条和《国务院关于深化改革严格土地管理的决定》（国发〔2004〕28 号）第 1 条等规定，办理农村集体土地转为建设用地的转用审批手续和变更登记手续；是否事先经过了有权部门批准；(2) 发行人租赁使用的山水园景区涉及土地是否为划拨用地；是否严格按照《城镇国有土地使用权出让和转让暂行条例》第 45 条、《划拨土地使用权管理暂行办法》第 5 条、第 6 条的规定，经市、县人民政府土地管理部门批准并办理土地使用权出让手续，交付土地使用权出让金；(3) 发行人租赁的上述土地的合同期限均超过 20 年，是否符合《合同法》第 214 条的规定；(4) 发行人报告期内上述租赁土地的情形，是否影响发行人的资产完整性，发行人的独立性是否存在重大缺陷，是否符合《公开发行证券的公司信息披露内容与格式准则第 1 号——招股说明书（2015 年修订）》第 51 条的规定；是否会对发行人的生产经营带来重大不利影响，是否构成本次发行上市的法律障碍；(5) 上述租赁土地和山林资源到期后的续约安排，如果到期无法续约，对发行人生产经营和持续盈利能力是否产生重大不利影响，相关的信息和风险是否充分披露。请保荐代表人发表核查意见，并说明发行人是否符合《首次公开发行股票并上市管理办法》的相关规定。

小兵评析 ▶

这个发行人是景点旅游行业最具有代表性的企业，IPO 审核过程中关注的问题同样是这个行业最应该关注的土地问题。发行人景区所需土地主要是租赁林地、山地以及湖泊等，这些土地是否属于集体用地，是否可以作为建设用地，产权瑕疵是否对生产经营带来本质影响等。从某种意义上来说，旅游行业存在土地产权瑕疵好像是在所难免的事情，只是我们要论证瑕疵的金额、性质以及对经营的长远影响，是否影响发行人的独立性和持续盈利能力。

二、特许经营权

在旅游行业，会有各种类型和各种不同模式的特许经营权以及承包合同，包括但不限于水面经营权、索道经营权、餐饮经营权、游船经营权等。这些经营权，有的是法律明文规定的特许经营权，有的是企业与景区管理部门签署的承包协议。不管哪种情形，这些经营权很多情况下会对发行人的生产经营有很重要的影响。因此，如何看待这些经营权对于判断旅游企业的合规性和投资价值就显得格外重要了。

关于经营权的考量，核心就是经营权是否合规以及是否具有持续性。首先我们要关注合规性的问题，是否违反相关法律法规，是否与景区的相关规定相冲突，是否存在损害公共利益的情形等。如果经营权合规问题都存在疑问，其他的也就无从谈起。如果经营权是合规的，那么还要关注持续性，关注政策法规是否会发生重大变化，相关的承包协议是否长期有效，是否存在潜在的其他竞争者等。

案例 2 天目湖（代码：603136）反馈意见

根据招股说明书，发行人分别与天目湖管委会、沙河管理处、大溪管理处分别签订了《租赁合同》，以租赁经营的方式承租沙河水库水面旅游经营权，承租大溪水库水面旅游开发权和经营权。请发行人补充说明：天目湖管委会、沙河管理处、大溪水管理处是否具有权限授予发行人水面旅游经营权和开发权，是否履行了法定程序，上述《租赁合同》的效力，并结合相关水域的管理体制及区域规划等，说明发行人现有的水面经营权和开发权是否具有排他性，相关开发或使用是否符合规划，到期后如不能续期如何处理，对发行人生产经营、持续盈利能力的影响。请保荐机构、发行人律师对上述事项进行核查，并发表明确意见。

附：公开披露信息

公司分别与天目湖管委会、天目湖集团签订了《资源租赁合同》，以租赁经营的方式承租沙河水库水面旅游经营权及山水园景区部分土地使用权至 2032 年 12 月 31 日，承租大溪水库水面旅游开发权和经营权至 2035 年 12 月 31 日。公司与溧阳市天目湖旅游度假区沙新村（以下简称沙新村）签订《土地承包合同》，合同约定沙新村将位于天目湖东西两侧的土地共计约 400 余亩及山林资源发包给公司，期限自 2002 年 11 月 26 日至 2052 年 11 月 25 日。

开发公司和公司共同出资设立的竹海公司，由开发公司与相关村委会签订《租赁协议》，通过租赁的方式取得南山竹海地区指定林地，并提供给竹海公司使用。上述林地全部为集体所有的林地，总面积为 11，638 亩，为溧阳市横涧镇徐家圩村村民委员会、溧阳市横涧镇李家园村村民委员会、溧阳市横涧镇同官村村村民委员会、溧阳市横涧镇深溪岕村村民委员会，作为乙方分别与作为甲方的本村部分村民签订《反承包协议》取得，《反承包协议》《租赁协议》约定的反承包/租赁期限自 2004 年 3 月 1 日起至 2029 年 5 月 31 日止。

1. 发行人拥有优先续约的权利

发行人与天目湖集团、天目湖管委会签订的《资源租赁合同》约定，租赁期满后发行人在同等条件下可优先续约；发行人与沙新村签订的《土地承包合同》约定，合同期满前发行人拥有优先承包权；根据各村委会与村民签订的《反承包协议》，反承包期满，如村委会需继续承包，村民应予准许；根据开发公司与各村委会签订的《租赁协议》，开发公司承租南山竹海林地，租赁期满，如开发公司需继续租赁，村委会应予准许；根据戴埠镇政府、开发公司出具的《确认函》，合作协议到期后，如开发公司再次取得土地承包经营权并继续出租南山竹海林地资源，竹海公司在同等条件下享有优先租赁的权利。

2. 天目湖旅游度假区的整体发展不受旅游资源租赁期限的影响

旅游业是溧阳市的重要支柱产业之一，改革开放以来，溧阳市坚持“生态立市”，化资源优势为发展优势，历届市委市政府均将旅游业的发展作为最大的优势产业来进行推动，旅游业发展迅速。根据江苏省社科院相关学者的研究，旅游业对溧阳市经济总量、财政收入、人均可支配收入、就业均产生重要贡献。2016 年，全市旅游接待人次 1600 万，同比增长 9.5%，实现旅游总收入 170 亿元，同比增长 10.5%。2015 年，溧阳市天目湖旅游度假区在国家级生态旅游示范区、国家 5A 级旅游景区的基础上，成立首批国家级旅游度假区，成为华东地区首家、全国两家之一“三区”一体的度假区。中共溧阳市委、溧阳市人民政府《关于实施“向休闲经济拓展”三年行动计划的意见》明确将“天目湖进入华东精品旅游线路，成为国际知名休闲目的地品牌”作为工作目标。

“天目湖旅游”已成为溧阳市重要的城市名片和休闲经济增长点，天目湖旅游度假区的发展受到当地政府的高度重视，亦成为当地居民和企业的重要收入来源，度假区内旅游资源租赁的期限不会影响当地旅游业的健康发展。

3. 发行人掌握景区旅游发展的核心资源与能力，即使租赁/承包合同终止，不影响景区内门票和游船以外的业务开展

首先，在山水园和南山竹海景区的发展过程中，发行人根据自然资源的特点建设了若干旅游景点、旅游基础设施和服务配套设施，呈点块状分布于景区之内及周边地区，与景区原有天然资源形成了相互依存、难以分割的关系，发行人对该部分土地使用权和房屋产权拥有完整权属，构成了旅游开发的核心资源；其次，发行人一手打造了山水园和南山竹海景区，在各级政府的支持下将山水园和南山竹海景区建设成国家 5A 级景区，并实现了良好的经济效益与社会效益，对两大景区的开发、经营和管理拥有丰富且独一无二的经验与能力。

因此，即使未来山水园和南山竹海景区的相关旅游资源由其他主体承租和经营，发行人在景区内门票、游船以外的业务仍可开展。

4. 发行人已形成多元化的业务格局，即使租赁/承包合同终止，不影响景区以外的酒店、温泉、水世界、旅行社等业务的开展

经多年发展，发行人目前已形成包含景区门票、景区二次消费、水世界主题公园、高档酒店、特色酒店、温泉度假、旅行社在内的业务格局，旅游产品实现了对不同人群、不同季节的覆盖，为客户提供“吃、住、行、游、购、娱”一站式旅游服务体验，真正做到“产品复合、市场多元、服务系统”。在这种业务格局下，景区业务对发行人的业绩和持续经营能力影响较小。

5. 尽管如此，若资源租赁合同/承包合同不能续约，可能导致发行人景区门票、游船业务无法正常开展，对发行人持续盈利能力造成一定影响

发行人景区门票及游船业务依托于所租赁的旅游资源，若山水园、南山竹海相关资源租赁合同/承包合同不能续约，发行人景区门票、游船业务将难以正常开展，对发行人持续盈利能力造成一定影响。

假设剔除景区门票、游船相关的收入和成本费用，发行人具体业绩测算如下（见表60）：

表60　发行人具体业绩测算情况

单位：万元

原始财务数据			
	2016年	2015年	2014年
营业收入	42,178.67	42,292.57	40,859.21
净利润	8024.85	6270.72	6388.01
剔除门票及游船相关收入、成本、费用的财务数据			
	2016年	2015年	2014年
营业收入	29,573.14	30,071.21	27,482.23
净利润	5754.10	4544.36	4646.57

注：1. 门票收入包括山水园和南山竹海景区的门票收入，游船收入为山水园游船收入；

2. 门票、游船相关成本根据门票、游船产品对应的实际主营业务成本进行核算；

3. 门票、游船相关管理费用、销售费用和财务费用，根据对应收入在公司总收入中的占比，对公司各项费用总额进行分配；

4. 门票、游船相关税金=门票、游船收入*税率（含附加）。

经测算，剔除门票、游船相关的收入和成本费用后，发行人业绩仍符合发行上市条件。保荐机构、发行人律师及申报会计师认为，即使相关资源租赁/承包合同到期不能续约，不构成对发行人持续盈利能力的重大不利影响，发行人仍符合发行上市条件。

小兵评析 ▶

发行人与管委会等部门签署了租赁协议，主要是租赁了湖面的使用权，通过湖面发行人可以建立游船、凉亭等旅游设施并实现盈利。关于租赁协议，常见的操作就是签署长期的租赁协议，一般是五十年最短是三十年。长期协议可以保证资产的稳定性。此外，审核中还会关注到发行人对租赁协议是否存在重大依赖，是否具备独立运营的能力。关于这个问题，发行人也做了很多定性的分析。在 IPO 审核过程中，任何定性分析都不如定量分析，因此，发行人还单独列示了关于租赁协议对应的收入和净利润情况，论证就算是剔除这部分业绩，发行人也完全满足 IPO 的审核标准。

三、景区规划

旅游景区基本上都是依靠天然的资源和风景设立开发的。景区的运营自然需要在自然保护和利益最大化两方面取得平衡，同时还要关注到社会公共资源的协调和重配，因而旅游景区要按照国家的规定严格由主管部门进行规划。未经规划批准的景区或者项目是不允许运营的，同样景区也不能超越规划的范围和内容去经营，这一点与工业企业的经营资质有一点相似，但是这里的要求更加严格也更加严肃。

从 IPO 的角度来说，一个完全违反规划的景区是不可能走到 IPO 阶段的，因而这里我们关注的主要是生产经营是否完全符合规划的问题。有时我们看到一个景区奇花异草人流如织，实际上这一切的繁荣可能没有任何根基，可能就是在没有规划批准的情况下运营的，这个需要我们格外关注。

案例 3　普陀山旅游发展股份有限公司（暂未上会）反馈意见

请发行人补充披露景区内的各类建设或活动是否已经主管部门审批，相关建设或活动是否符合景区规划，是否存在超过允许容量接纳游客或者在没有安全保障的区域开展游览活动的情形，是否存在其他违反景区管理规定的行为而受到主管部门处罚的情形。

小兵评析 ▶

对于景区旅游企业来说，合法合规且明确具体的规划手续是业务开展的前提和基本要求，从这个角度来说，这类似于工业企业的生产经营资质。关于景区规划的问题，自然也会重点关注到以下三个问题：（1）是否有主管部门的合法合规的景区规划手续；（2）生产经营是否存在超越规划的情形；（3）如果存在不符合规划经营的情形，这样的瑕疵情形如何定性以及占整个业务的比重，对 IPO 是否构成本质影响。

四、产品定价

作为一个消费者，我们到旅游景区都会有一种感受，就是景区提供的收费服务花样繁多防不胜防。作为一个景区经营者，向消费者提供许多服务选项，只要保证是平等交易价格公允，是无可厚非的。IPO 审核也要重点关注定价的依据、定价的标准，以及是否符合相关规定。

由于景区提供的服务繁多，因而定价也会存在不同的模式，有的是单一定价、有的是联合定价、有的是通票打包定价，同样还会存在一个收费一个赠送等各种不同的定价模式。这样的定价模式是否符合相关部门规定，是否存在强制销售的不正当竞争行为，是否损害了消费者的选择权和知情权，都是我们需要关注的问题。

案例4 天目湖（代码：603136）反馈意见

根据招股说明书披露，本公司的主要产品或服务收费标准经有关物价管理部门批准、认可。请发行人代表说明：（1）补充披露上述主要产品或服务收费的变动情况；（2）结合价格调整周期和价格变动情况对公司收入和净利润的影响进行测算；（3）补充说明是否存在超过核定价格收费情形，是否存在游客提出索赔的情形。请保荐机构和会计师对上述事项进行核查并发表明确意见。

小兵评析▶

这个案例直接关注到发行人产品销售价格是否经过物价管理部门的批准和认可，价格是否存在波动，调整价格是否需要部门审批，是否存在无依据定价销售的情形。同时，由于收费标准对发行人经营业绩影响较大，因而还需要做敏感性测试，关注价格波动的合理区间。

五、门票收入及收入确认

对于景区旅游行业来说，也可以简单分为两类：一类是靠天然的现有的名胜古迹进行的二次开发和周边配套设施改造；另一类是完全依靠全新的规划新设的旅游资源以及相关配套设施。根据相关法律法规的规定，第一种情形对于企业来说，门票收入不能纳入发行人的营业收入。关于这个问题以前有过很大的争议，现在的《风景名胜区管理条例》已经有了明确的规定。当然，门票收入是不是应该纳入营业收入已经没了争议，现在争议点在于是否属于名胜古迹的范畴。

旅游行业关于收入确认的时点和依据一般都不会关注太多，最核心的原因就是这个行业基本上不存在所谓的信用期的概念，消费者消费都是直接付款，这就导致这个行业财务核算淡化了权责发生制的概念。从这个角度来说，是否考究收入确认的原则其实对于发行人经营业绩的影响也不是那么大。尽管如此，从会计准则的角度来说，我们还是要根据企业不同的收入类型，结合业务模式和风险转移做好收入确认。

最后还要说明一点，旅游行业的收入基本上全依赖于客流量，因而收入与客流量有着各种各样的逻辑关系，比如入园或消费人次、购票人次、重游率、门票价格、人均园内消费等关键业务数据，再结合公司景区面积、最大日承载能力等因素，就可以分析发行人营业收入与这些指标的匹配度，是否存在重大差异，因而判断业绩的真实性和合理性。同样，对于同一类旅游企业来说，这些核心指标也是具有可比性的指标，可以对不同的企业进行横向和纵向的对比，加强数据的实用性和针对性。

案例5 普陀山旅游发展股份有限公司（暂未上会）反馈意见

招股说明书披露，发行人主营业务包括旅游客车客运、旅游索道客运、旅游水路客运、香品生产销售、旅游商品销售、旅游配套服务。发行人旅游交通服务的销售模式主要为在景区内直接向游客现场销售的模式。发行人前五大客户中的舟山市普陀山法物流通处、深圳市凤凰山文化旅游投资有限公司为香品销售客户，舟山市普陀山白桦旅游服务有限公司、舟山友好国际旅行社有限公司为旅游客车客运客户。（1）请说明并补充披露与非自然人客户进行合作的具体业务范围、合作模式、定价政策、结算政策、各自承担的主要权利义务、发行人收入确认、成本核算方法以及盈利模式，报告期是否存在旅社代理售票的情形以及具体的业务开展模式、代理费率的情况；(2) 请说明并补充披露香品生产销售、旅游商品销售、旅游配套服务（请进一步细分，与“盈利能力分析”部分一致）的业务开展模式、定价政策、主要客户、发行人收入确认、成本核算方法；(3) 请说明报告期各期前五名客户变化较大以及对同一客户销售收入变化较大的原因；(4) 请说明发行人的各项业务是否存在网络销售的模式，若存在，请补充披露与网络电商进行交易的业务流程、结算模式以及报告期各期网络电商实现的收入金额及占比，并说明收入确认时点和依据；(5) 请补充说明与自然人交易的交易流程和内控制度，以及现金收付和管理的交易流程和内控制度，按业务类型说明报告期各期对自然人客户和法人客户的销售金额和占比以及现金交易的金额和占比。请保荐机构和会计师对上述事项进行核查，并说明核查过程、方法和结论，明确发表核查意见。

小兵评析 ▶

这个案例关注到对于发行人与其他客户进行业务合作的模式问题以及收入确认问题。因为发行人业务的特殊性，这里还格外关注到香品销售的一些具体事项，如何进行销售、如何定价、客户范围、定价策略、成本核算等。说实话，这个问题对于发行人来说，真的是很难核查也不好回答。

案例6 天目湖（代码：603136）反馈意见

根据招股说明书披露，发行人目前经营的山水园、南山竹海、御水温泉、水世界等旅游景区和产品均为公司围绕有限的自然资源、根据其不同的特点因地制宜，从无到有量身打造的。请发行人代表说明：(1) 结合风景名胜区的公示名单、《风景名胜区管理条例》《水利风景区管理办法》的相关规定，补充披露公司所经营项目所在景区是否符合

《风景名胜区管理条例》所规定的范畴，将门票收入纳入营业收入范围是否符合相关法律法规规定，是否构成本次发行上市的实质性障碍；如果目前不属于风景名胜区，请结合景区及主管部门的相关规划等，说明是否可能纳入国家级或省级风景名胜区名录。（2）假设公司经营景区纳入国家级或省级风景名胜区名录后，由风景名胜区管理机构负责出售门票，对发行人收入及净利润的影响，进行测算分析，并做充分风险提示。请保荐机构、发行人律师和会计师对上述事项进行核查，说明核查过程、方法和程序，并发表明确核查结论。

小兵评析 ▶

这个案例就提到了名胜古迹门票收入的问题。发行人解释目前景区不属于法律规定的名胜古迹，门票收入纳入营业收入合法合规。基于这个因素，监管机构也关注到如果景区后来被认定为名胜古迹，从而门票收入不再纳入发行人主体内，那么对发行人经营业绩的影响到底如何?

六、收入不确定性和季节性

我们知道很多行业的收入存在明显的季节性，一般是第二季度和第三季度的收入明显高于第一季度和第四季度。旅游行业的收入季节性会更加明显，集中度会更高，有些旅游企业一个月份的收入可能就占到全年收入的 30% 以上。旅游行业的收入主要集中在寒暑假以及“五一”和国庆假期，这个特点跟中国的休假制度有着明显的关系。

旅游行业除了收入季节性，可能还会存在不确定性，比如新旅游理念的兴起、新旅游设施和景区的开设、学校寒暑假活动重心的改变，或者其他一些政策性的宣传，都可能导致景区的客流量大幅度减少，进而影响到盈利能力。从某种意义上来说，一个客流量很大的景区盈利能力确实很强，但是这样的盈利能力也会因为一些特殊因素甚至是偶然性的因素，而很快就退化甚至消失，这也是旅游行业 IPO 数量比较少的原因。

案例7 常州恐龙园股份有限公司（未过会）公开披露信息

发行人净利润 2016 年度较 2015 年度下降 51.91%，主要是由于当年经营旺季期间的多雨和极端高温天气导致了公司园区运营收入的降低，由于公司园区运营的成本多为资产折旧、摊销和人工成本等固定成本，园区运营收入下降将直接影响公司业绩水平。此外，以常州市本地为主的中小学生旅行团体每年的春游、秋游活动会在包括公司在内的旅游景点轮动，其出游地点的不确定性也会影响公司园区运营收入。

公司的园区经营具有明显的季节性特征。每年的 7 月、8 月和 10 月，由于气候条件较好，加之受学生暑假或者“十一”长假等因素的影响，公司园区游客数量明显高于其他月份，此 3 个月合计接待的游客量分别占各年游客总量的 51.63%、49.54% 和 45.47%，属于公司的经营旺季。每年 12 月至次年 2 月，游客人数较少，属于公司的经营淡季。

小兵评析 ▶

由于旅游内容的特殊性，导致发行人的收入季节性特征比同行业其他公司更加明显，寒暑假对业绩的推动效果更加明显。同时，因为发行人业务的单一性，一旦出现强大的竞争对手，竞争优势和差异化竞争优势就会减弱，从而直接影响到发行人的盈利能力。上海迪士尼的开业，给发行人客流量带来很大的冲击，经营业绩也确实有很大的下滑。

七、成本核算（固定资产金额大）

对于企业经营来说，旅游行业前期投入巨大，并且前期投入阶段基本上没有收入只有投入，这对开发运营公司的资金流有着很高的要求，一旦规划不合理，就会存在因为资金断裂而半路夭折的情形。

对于 IPO 审核来说，因为前期投入非常大，形成金额很大的固定资产和无形资产，那么固定资产的折旧和无形资产的摊销就会成为企业成本最重要的来源，这种情况下如何制定合理且审慎的固定资产核算政策就显得格外重要。某种意义上来说，我们对企业成本核算的关注，很大程度上就是对固定资产核算的关注。

此外，旅游行业是一个需要持续投入开发和更新的行业，因此在建工程和待摊费用金额会很高，而这两个科目在业绩调节方面又有着很难明确的边界和标准，这个问题也是我们在理解旅游行业的时候需要格外关注的。

案例 8　常州恐龙园股份有限公司（未过会）公开披露信息

公司具有较为明显的“重资产”特征，固定资产、无形资产及长期待摊费用合计占资产总额的比例分别为 83.60%、86.34%、86.31% 和 84.46%；公司折旧及摊销总额分别为 8353.26 万元、8525.95 万元、8384.03 万元和 6504.77 万元，对公司经营业绩有重大影响。

小兵评析 ▶

发行人的固定资产超过 80%，这样的比例确实是很高了，同样发行人每年折旧和摊销的金额都远超过当期的净利润水平，显然这样的运营模式还是存在很大的经营风险的。当然，这个行业与传统制造行业最大的不同还在于没有存货，其实如果将存货的因素也考虑进去，旅游行业这样的资产构成倒也没有那么突兀。

八、内部控制（现金结算）

我们在分析零售行业的时候，会重点关注和解释现金结算和内部控制问题。旅游行业其实也是典型的零售模式，自然也需要关注到客户分散度以及现金结算的问题，这对旅游行业的内部控制有着很高的要求，这里先简单提示一下。旅游行业非常特殊的一点是，由于业务品种繁多且差异很大，因而对于内部控制的要求更高，甚至会存在一个系统很难一劳永逸的情形。

案例 9 常州恐龙园股份有限公司（未过会）发审会问询问题

报告期内，发行人现金销售金额占收入比重较高。请发行人代表说明：现金销售相关内部控制制度的有效性，并结合不同渠道的收款方式和行业可比公司情况等，说明现金销售的真实性和完整性。请保荐代表人发表核查意见。

附：公开披露信息

公司现金收款的交易金额及占比情况（见表 61）：

表 61 现金收款的交易金额及占比情况

单位：万元

项　　目	2017 年 1－9 月	2016 年度	2015 年度	2014 年度
现金销售	12,246.63	20,258.33	26,313.79	31,284.77
售票处门票销售	5991.14	10,619.74	15,447.81	19,268.05
游客园内消费[注]	6201.85	9569.92	10,804.15	11,963.53
物资销售	32.63	39.97	34.23	30.36

续表

项　　目	2017 年 1－9 月	2016 年度	2015 年度	2014 年度
定额租金	21.00	28.70	27.60	22.84
收入总额	37,645.60	42,399.96	47,868.67	44,500.88
与收入总额的比例	33.53%	47.78%	54.97%	70.30%
剔除代收合作商户款项后比例	31.33%	41.55%	49.31%	64.21%

（注：此金额为公司收取游客支付的消费款项，其中部分金额需按约定比例支付给租赁商户，并非全部为公司的收入）

现金销售的变动趋势：报告期内，现金销售与收入总额的比例逐年降低，主要是由于移动支付方式的兴起，游客消费习惯的改变，越来越多的门市散客开始使用支付宝、微信等方式进行结算。

解决措施：目前，发行人已建立了较为完善的现金管理流程，在经营期间有效运行，公司未来将持续加强管理制度及内控制度的建设，同时，公司已在园区售票处及园内消费处增设 POS 机及手机支付设备，引导游客减少现金的使用。

小兵评析 ▶

因为业务模式的特殊性，发行人存在现金销售的情况是很难避免的，只能通过各种努力的方式去降低这个比例。比如，在目前情况下，可以鼓励游客通过微信转账、刷卡等方式来结算，但是人家就是喜欢用现金，那也是双手欢迎的。因而，现金结算问题对于发行人来说，不应该有太多的苛责，只要发行人在内部控制方面能够保证财务核查的有效性，保证收入的真实和完整，那么是应该得到认可的。发行人报告期内的现金销售比例一直在下降，从 2014 年的 70% 下降至 2017 年 9 月的 30%，并且发行人对现金结算的具体节点、流程、负责人员以及风险因素的控制都做了详细的解释和说明。根据 IPO 的审核要求，对于客户主要为自然人的企业，现金结算没有明确的比例限定，只要符合企业经营实际且有规范的意识和结果就可以。

后　记

近年来，金融创新和全面金融开放在中国的经济改革中已经进入了深水区和实践区。

我们出版这套《十大行业 IPO 审核要点与解决思路》书，恰逢中国新证券法 2020 年 3 月 1 日起施行之际，也是我国对外资金融全面放开实践之时。作为金融创新研究机构，我们一同参与及见证了新证券法的修订及创新金融实践的研究。我们投研团队从实践到总结、从调研到思考再到实践的过程中，专业投研能力和实践实力，已经在这轮市场周期中得到了检验。

这本书只是开始，后续还会持续整理相关行业，争取分析的行业能够有三十个甚至五十个。这套系列丛书依然保留着“工具、案例、思路、方法”的书写风格，作品里的每一个行业研判，每一组数据求证，每一个思路碰撞，都是“精心智慧厘定，字字句句斟酌”的心血结晶。认真阅读此书，不仅能够为从业人员总结出十大行业 IPO 审核要点的规律性、系统性的实操经验案例来；而且也能够为广大拟上市企业指明了清晰的上市操作路径图。

站在时代之巅，变革之时，新证券法的施行，科创版与注册制度的陆续推出，不仅标志着中国资本市场发展进入了一个新的历史发展阶段，也为坚持创造长期价值的机构投资者提供了一个广阔的投资舞台。

再次感谢一路有您。

搏实资本控股总裁　李秉恒

2020 年 3 月 26 日

图书在版编目(CIP)数据

十大行业IPO：审核要点与解决思路/投行小兵著
. --北京：法律出版社，2020(2022.10重印)
ISBN 978-7-5197-4270-6

Ⅰ.①十… Ⅱ.①投… Ⅲ.①上市公司-财务审计-研究-中国 Ⅳ.①F239.65

中国版本图书馆CIP数据核字(2020)第028331号

十大行业IPO：审核要点与解决思路
SHIDA HANGYE IPO:
SHENHE YAODIAN YU JIEJUE SILU

投行小兵 著

责任编辑 慕雪丹
装帧设计 马 帅

出版发行 法律出版社
编辑统筹 法商出版分社
责任校对 赵明霞
责任印制 胡晓雅
经　　销 新华书店

开本 710毫米×1000毫米 1/16
印张 18.75 **字数** 260千
版本 2020年4月第1版
印次 2022年10月第5次印刷
印刷 固安华明印业有限公司

地址：北京市丰台区莲花池西里7号(100073)
网址：www.lawpress.com.cn
投稿邮箱：info@lawpress.com.cn
举报盗版邮箱：jbwq@lawpress.com.cn
销售电话：010-83938349
客服电话：010-83938350
咨询电话：010-63939796

书号：ISBN 978-7-5197-4270-6
定价：79.00元
凡购买本社图书，如有印装错误，我社负责退换。电话：010-83938349

公司并购全流程指引:决策策划、实务操作、流程控制

公司资本行动:并购策划与流程指引

张远堂　著

定价:78 元　出版时间:2012 年 9 月

本书力图于解决企业并购的决策策划、实务操作和流程控制中的重点、难点问题。从如何制订公司发展战略和如何选择目标市场开始,按照企业并购的业务程序,逐步进入企业并购的交易流程,就交易流程中的重点、难点问题,分别提出各类并购的风险和应对策略,书中援引真实案例,并且配有疑难问题讨论,着力于帮着读者提高企业并购实务操作能力,解决公司资本运作中的实际问题。

企业管理经营创业人员必备　168 个法律风险防范要点 全流程控制实操指南

完美的风险防范——企业常见法律风险识别与控制

陈宏义　主编

定价:78 元　出版时间:2017 年 2 月

将企业从设立到终止,在设立形态的选择、企业内部治理、合同管理、投融资、劳动用工、知识产权、刑事犯罪等方面,对企业常见的法律风险进行了全方位分析。以简明的实操案例,结合最新的法律法规以及当下司法领域认可的审判理念,对企业运营中出现的法律问题有针对性地提出解决措施,对潜在的法律风险全方位地给予防范建议。意使民营企业的发展更趋合理与规范,避免成为短线企业。

TAX 资本税法 · 财务会计

会计小白入门必备　财务经理进阶必选　券商股民修养提升

这就是会计——资本市场的会计逻辑

饶 刚 金 源 著

定价:99 元　出版时间:2019 年 8 月

两位作者结合他们在资本市场上的实践,分享了他们对会计的深刻感悟。这些感悟对于很多微观主体改进会计工作乃至整个经营管理工作,对于个人的职业成长,都有很大的参考价值。看这本书,更像在听作者讲故事,听他们在剖析一个又一个事例,阐述他们的洞见和感悟。作者的良苦用心就是想告诉读者:在资本市场上,会计和会计信息是十分重要,但会计信息本身有其局限性,离开了数字背后的主体、客体以及产生这些数字的经济活动,不能结合大量关联信息去解读,数字本身是并有多大意义,只是基于数字来做决策,甚至会犯严重的错误。作者结合自己丰富的工作经历,用许多生动的事例,不厌其烦地阐述了这个道理。

深度剖析上市公司财务做账、信息披露、监管部门 IPO 财务监管的实务热点、难点

IPO 财务核查解决之道:案例剖析与操作指引

投行小兵　著

定价:88 元　出版时间:2017 年 6 月

本书重点对各种特定销售模式的会计准则、财务处理、财务监管等进行实务分析,通过解读全新政策规定,多角度剖析上市公司财务做账、信息披露、监管部门 IPO 财务监管的热点、难点问题,特别重视应用细节的提示,旨在为广大拟上市企业家及财务工作者提供全方位的实务操作指引和全新的解决思路。

企业上市·IPO·新三板

典型案例剖析　权威上市指导

企业上市解决之道

投行小兵　著

定价:68 元　出版时间:2011 年 5 月

本书精心挑选极具代表性的百余家企业上市真实案例,剖析这些企业或成功上市或被否决的原因,梳理企业上市过程中遇到的常见问题,揭示产生问题的根源、审核部门关注的重点及解决相关问题的思路和对策。案例具体生动、论述浅显易懂,专业人士处理企业上市难题的借鉴宝典,非专业人士了解企业上市相关问题的实用指南。

典型案例剖析　权威上市指导　解决思路延伸

企业上市解决之道 2:案例延伸与对策分析

投行小兵　著

定价:99 元　出版时间:2012 年 1 月

本书是作者再一次的全面洗涤和超越,再一次的深入思考和升华。案例更加丰富也更加有层次,评析更加深入也更加周全,思路更加明晰也更加具有指导意义,法规更加简练也更加有针对性。通过剖析企业或成功上市或被否决的原因,梳理了企业在上市过程中遇到的常见问题,为解决企业上市遇到的及审核部门关注的相关问题提供思路和对策。

典型案例剖析　审核重点关注　权威上市指导

企业上市解决之道 3:案例提炼与审核关注

投行小兵　著

定价:108 元　出版时间:2013 年 6 月

本书是投行小兵企业上市解决之道系列的完美收官力作,与《企业上市解决之道》和《企业上市解决之道 2:案例延伸与对策分析》属于同一系列,但是与前两本书内容没有任何重合之处。本书是对前两本书进一步的延伸,从主体资格(出资、股权、改制问题)、特殊经营模式、财务会计和规范运行等几个方面,并根据目前中国证监会的最新政策,对于相关典型案例做了进一步的提炼和深入剖析,重点分析了审核部门关注重点及解决相关问题的思路和对策。

全方位解密投行人的工作、生活与梦想

IN 投行:鸡汤没毒放心喝

投行小兵　著

定价:79 元　出版时间:2018 年 6 月

圈子,不是年轻人成功的捷径;你朋友圈随手转发的,恰恰就是你失去的;投行基本功,决定了你业务的下限;投行软实力,决定了你前途的上限……本书作者有多年的投行工作经历。全书分三大部分内容:生活态度、职场经验、业务思考。全方位解密投行人的工作、生活与梦想,为初入投行的新人指点迷津,为在投行中摸爬滚打的同仁梳理思路,也为投行中的佼佼者提供一个感悟的平台。

全景展现中国投行的真实生存状态　如实披露一线投行人士的心路历程

投行十年:我在投行的日子

投行小兵　著

定价:49 元　出版时间:2015 年 1 月

本书作者作为一名多年投行工作的亲历者和实践者,以局内人的身份,记录中国投行人士的心路历程和真实的工作、生活状态,书中不乏投行工作的经典案例与操作,对有志于进入投行工作的读者而言,可以在入行前更真实地了解到行业状态;对于投行业内人士也是很有价值的借鉴。

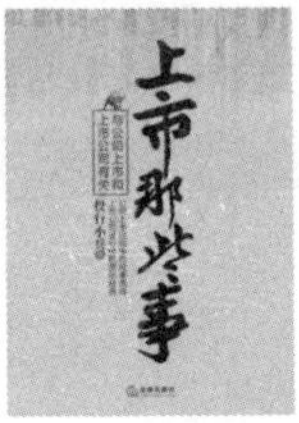

公司上市过程中的故事流传　上市公司运行中的警示经典

上市那些事——与公司上市和上市公司有关

投行小兵　著

定价:49 元　出版时间:2013 年 1 月

在资本市场这个"江湖"中,总是有一些广为流传的上市故事,或令人瞠目结舌,或匪夷所思。即使已经无法考证其真正来源,但却在市场的口口相传中越来越经典,越来越具有警示意义。本书即讲述了资本江湖中非常精彩的上市故事,语言诙谐幽默,相信可为广大资本市场从业者带来启示。

120 + 上市问题　300 + 案例分析　400 + 法律法规　800 + 审核要点

IPO 企业上市实战攻略:法律合规问题深度剖析

白小飞　著

定价:139 元　出版时间:2019 年 8 月

本书详细阐述了每一个专题的理论基础知识,包括专题涉及的法律法规、问题产生的原因以及目前对上市的影响等,不论是对于企业管理层还是中介服务机构,均有助于其全面提升 IPO 理论知识水平、判断问题的专业水平以及解决问题的能力。为使读者更直接地感受到监管机构对相关问题的审核态度与问询思路,本书在案例剖析时将证监会对涉及问题的反馈意见与发审会现场问题直接引用,监管机构的问询问题清晰且明确,更有助于读者理解相关问题与审核实务。

投行先锋论坛鼎力推荐,"饶叫兽"继《饶胖说新三板:董秘 · 资本实务二十讲》之后的全新力作,从企业内部解析规范运作和公司治理,为 IPO 读者提供全新运作视角

饶胖说 IPO:规范运作和公司治理

饶钢　著

定价:88 元　出版时间:2018 年 4 月

规范运作和公司治理是 IPO 永恒的课题,正如饶胖在本书中讲的:"IPO 就是两只手,一手抓业绩,一手抓规范,业绩是基础,规范是条件。"按监管要求做好规范工作,建立健全公司治理体系并保证有效运作是每一个 IPO 企业必须迈过的门槛。怎样把法规的条条框框运用到千变万化的企业管理中是一个技术活,也是一个经验活。市面上讲 IPO 书多是中介机构写的,饶胖是难得的研究型董秘和 CFO,在 IPO 一线拼搏多年,既懂技术又有实战经验,这本书从企业内部理解、把握规范运作和公司治理,给了读者一个全新的视角,所有心向 IPO 的朋友都应该读一读。